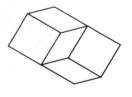

Design Zentrum München

Der Klang der Dinge

Akustik – eine Aufgabe des Design

herausgegeben von
Arnica-Verena Langenmaier

Verlag Silke Schreiber

Referate des vom Design Zentrum München veranstalteten Symposiums „Der Klang der Dinge: Akustik – eine Aufgabe des Design" vom 28. und 29. November 1991 in München. Herausgegeben im Auftrag des Design Zentrum München e.V. von Arnica-Verena Langenmaier. Symposium und Buch wurden gefördert durch das Bayerische Staatsministerium für Wirtschaft und Verkehr, die BMW AG, das Europäische Patentamt, Siemens-Electrogeräte GmbH und die Europäische Gemeinschaft.

Die Deutsche Bibliothek –
CIP-Kurztitelaufnahme
Der Klang der Dinge: Akustik –
eine Aufgabe des Design;
[Referate des Symposiums vom 28. – 29. November 1991 in München]/
hrsg. von Arnica-Verena Langenmaier.
[Hrsg. im Auftrag des Design Zentrum München e. V.] – München:
Schreiber, 1993
ISBN 3-88960-027-1
NE: Langenmaier, Arnica-Verena [Hrsg.]

© 1993 Verlag Silke Schreiber, München, Design Zentrum München e. V. und die Autoren
Schutzumschlag: Büro Rolf Müller, München
Gestaltung: Belaski und Ilg, München
Satz: Typoservice Urban GmbH, München
Litho: Typoservice Urban GmbH, München
Herstellung: Schauenburg Graphische Betriebe GmbH, Schwanau

Alle Rechte vorbehalten
Printed in Germany

ISBN 3-88960-027-1

Vorwort 7

R. Murray Schafer 10
Soundscape – Design für
Ästhetik und Umwelt

Mario Bellini 28
Design zum Hören

Johannes Hirschel 36
Gerd Wilsdorf
Wie klingt ein Markenartikel?

Raymond Freymann 45
Das Auto – Klang statt Lärm

Erwin Staudt 58
Erträglicher Büroalltag

Max Neuhaus 62
Klanggestaltung von Signalen und Sirenen
Akustik im Dienst der Sicherheit

Herbert H. Schultes 77
Das Telefon – die Grenzen des Design

Wolfgang Welsch 86
Auf dem Weg zu einer Kultur
des Hörens?

Autorenhinweise 112

Klang ist die Seele eines unbelebten Gegenstandes.

John Cage

Vorwort

Was werden wir in 1000 Jahren hören? Diese Frage in einer Anzeige eines italienischen Möbelherstellers greift nicht etwa Murray Schafers Forderung nach einem Museum der Klänge auf, sondern begleitet die Werbung für ein neues Sofa. Akustische Bezüge sind in den vergangenen Jahren häufig geworden in der Werbung: Produkte tragen Namen, die der Akustik entlehnt sind. »Das gepriesene optische Zeitalter geht seinem Ende entgegen. Von daher hat sich eine geheime Prävalenz des Hörens ergeben, auf die kaum jemand vorbereitet ist«, sagt Dietmar Kamper.[1] 68 Prozent der Geräusche, die uns umgeben, werden heute technisch erzeugt, nur 6 Prozent entstammen der Natur, immerhin 26 Prozent verursacht der Mensch. In primitiven Kulturen verhält es sich ziemlich genau umgekehrt. Die Hörfähigkeit junger walkman- und diskothekenerprobter Europäer entspricht in etwa der von 70jährigen Afrikanern.

Der Fortschritt der Zivilisation ist mit einer Zunahme von Geräuschen verbunden. Technischer Fortschritt aber soll dem Menschen sinnvoll dienen, sein Leben angenehmer machen. Die meisten Geräte sind heute jedoch lauter, als es nach dem Stand der Technik nötig wäre. Der Gestaltung ihrer Funktion, ihrer Form und Farbe, ihrer Oberfläche wird größte Sorgfalt gewidmet, ihren Geräuschquellen hingegen meist wenig Aufmerksamkeit geschenkt. Eine Zeit, die sich so bewußt mit der visuellen Gestaltung befaßt, kann Klang nicht weiter einfach als Beiwerk eines Produkts behandeln. Wie visuelle Signale dient auch der Klang unserer Orientierung. Mit dem Symposium *Der Klang der Dinge: Akustik – eine Aufgabe des Design* wollte das Design Zentrum München zur gleichwertigen Gewichtung der Gestaltung von Form und Klang auffordern. Klang ist ein Teil der Ästhetik unseres Lebens. Stille, oft als Ideal gepriesen, ist keine Alternative. Pascal nennt die absolute Stille unmenschlich und erschreckend. John Cage hat bestritten, daß es sie gibt.

Vorwort

»Klang ist nicht nur ein akustisches Phänomen. Er ist auch symbolisch. Ein Klang kann zu einem Objekt gehören, und wenn er erzeugt wird, signalisiert er das Leben dieses Objekts«, sagt Murray Schafer, dessen unaufhörlichem Einsatz diese Thematik entscheidende Anstöße verdankt.

Das Symposium hat gezeigt, wie sehr der Klang der Dinge in das Bewußtsein der Benutzer, aber auch in das der erzeugenden Industrie rückt. »Zunehmend wird die akustische Qualität eines Produkts ebenso über den Verkaufserfolg entscheiden wie Funktionalität und äußere Gestaltung«, sagt Alfons Zeller, Staatssekretär im Bayerischen Staatsministerium für Wirtschaft und Verkehr. Christian Ude, Bürgermeister in München, spricht von einer identischen Interessenlage der Automobilindustrie, die sich um leisere Fahrzeuge bemüht, und der Großstädte, die nicht nur unter den Abgasen, sondern auch unter dem Lärm des Automobils leiden. »Daß das Auto leiser wird, ist als ökologisches Anliegen fast genauso wichtig, wie, daß es schadstoffärmer wird«, stellt Ude fest. Wie intensiv – und mit meßbarem Erfolg – die Automobilindustrie an der Reduzierung von Lärm und der Verbesserung des Klangs arbeitet, legte Raymond Freymann von BMW überzeugend dar.

Daß die Signalkraft des Klanges wörtlich zu nehmen ist, bestätigte Erwin Staudts Bericht von der geräuschlosen Schreibmaschine IBM 6750, der das Unternehmen sogar wieder Töne beibringen mußte; zu sehr wurde der vertraute »Klick« vermißt. Auch Staubsauger müssen gegen die Assoziation Lärm gleich Stärke ankämpfen. Wir schieben unsere Rolle als Lärmerzeuger gern beiseite und sehen uns durchwegs als Opfer des Lärms. Ziel der Tagung war, Industrie und Öffentlichkeit hellhörig zu machen für den Klang in unserem Alltag, die Qualitätsverbesserung von Klangquellen und den sinnvollen Umgang mit Geräuschen. Herbert Schultes hat aus der Arbeit für dieses Symposium die Konsequenz gezogen, künftig früher und intensiver mit den Akustikern in seinem Unternehmen zusammenarbeiten.

Vorwort

Max Neuhaus ist es nach jahrzehntelangem Kampf gelungen, erstmals seine Tonkreationen für Sirenen patentieren zu lassen – eine wichtige Etappe in der Geschichte der Akustik. »Das Auge ist der Schwachsinn der Zukunft. Es gibt nicht mehr viel zu sehen, was zu sehen sich lohnt«, sagt Dietmar Kamper. So scheint es unerhört, daß akustische Aspekte in keinem der Design-Wettbewerbe im In- und Ausland, die sich doch für qualitativ gültige Gestaltung einsetzen, berücksichtigt werden. Die gute Form hat den guten Ton noch nicht entdeckt. Es wäre an der Zeit, die beachtlichen Bemühungen der Industrie um Lärmreduzierung und Verbesserung der Klänge anzuerkennen.

Wolfgang Welsch warnt zu Recht vor einer klanglich total durchstilisierten Welt und empfiehlt als Regel, Unnötiges zu vermeiden und das Nötige gut zu gestalten.

So gilt für den Klang am Ende dasselbe wie für die Form. Das zu dokumentieren, war Ziel unseres Symposiums. Möge die Resonanz dazu beitragen, daß wir besser und Besseres hören.

München,
September 1992   Arnica-Verena Langenmaier

---

1   Dietmar Kamper, »Vom Hörensagen – Kleines Plädoyer für eine Sozio-Akustik«, in: *Das Schwinden der Sinne*, hrsg. von Dietmar Kamper und Christoph Wulf, Frankfurt a. M., 1984, S. 112–114, S. 112

R. Murray Schafer
Soundscape
Design für Ästhetik und Umwelt

Das World Soundscape Project, das ich 1970 an der Simon Fraser University initiierte, war in der neueren Zeit wahrscheinlich der erste Versuch, Prinzipien für akustisches Design zu entwickeln. Wie ich den Begriff *Soundscape* damals definierte, umfaßte er die gesamte akustische Umwelt mit all ihren Geräuschen: Musik, natürliche, menschliche und technische Klänge. Es sollten damals die akustischen Phänomene und ihre historische Entwicklung untersucht werden, um festzustellen, ob es irgendwelche besonderen oder immer wieder auftretenden Muster gibt, mit deren Hilfe man die Prinzipien des Soundscape-Design festlegen könnte.

Die erste Anregung zu dieser Untersuchung gaben negative Gefühle; die übermäßige Präsenz von Geräuschen im modernen Stadtleben beunruhigte mich. Damals war ich etwa 35 Jahre alt: ein Alter, wie ich beobachtet habe, in dem Lärm anfängt, viele zu stören. Junge Leute nehmen ihn nicht wahr; manchmal scheinen sie ihn sogar als Symbol des Lebenstriebs zu brauchen. Dann aber Mitte dreißig geben viele zu – vielleicht weil sie ein Selbstbewußtsein erreicht haben, das sie die ungeordneten Aspekte des Lebens ausschließen läßt, oder vielleicht einfach, weil die Spannungen in der Mitte des Lebens sie Reizen gegenüber sensibler machen –, daß Lärm sie stört. So war es auch bei mir.

Meine Reaktion war, in der von mir unterrichteten Abteilung für Kommunikation einen Kurs über Lärmverschmutzung einzuführen. Der Kurs hatte keinen Erfolg. Was konnten wir tun, außer eine bessere Lärmschutzgesetzgebung, besseren Schutz für Arbeiter in lauter Umgebung, mehr Schallbarrieren, Ohrschützer und Isolierung zu fordern – lauter negative Maßnahmen, die in einer Gesellschaft, die zunehmend dazu neigte, Lärm mit Fortschritt gleichzusetzen, wenig Gewicht hatten.

R. Murray Schafer

Soundscape Design für Ästhetik und Umwelt

Als ich aber begann, aufmerksamer allen Klängen um mich herum zu lauschen, entwickelte sich dieses unbefriedigende Thema in eine vielversprechende Richtung, denn, wie John Cage sagte, »Alle Geräusche sind interessant, wenn man ihnen richtig zuhört.« Ich brauchte ein Wort, um diese Turbulenz aus Freude und Schmerz, der meine Ohren vom Moment des Erwachens bis lange, nachdem ich abends meine Augen geschlossen hatte, ausgesetzt waren, zu beschreiben. Da fiel mir das Wort Soundscape ein. Ich habe es wohl als Ableitung von *landscape* (Landschaft) erfunden. Ich benutzte es als neutrales Wort für jede akustische Umwelt: Alle Klänge, die in einer Ladenpassage, auf einem Bauernhof, in einem Flughafen oder in einem Rundfunksender zu hören sind, jede Umgebung, die man zeitweise einrahmen könnte, um sie zu untersuchen. Selbst eine musikalische Komposition könnte man als eine Art ideale Soundscape analysieren, die im Geist des Komponisten erfunden wurde.

Man könnte das ganze klingende Universum als Komposition auffassen, in der wir alle Komponisten und Ausführende sind. Dann bestünde die Aufgabe darin, die Orchestrierung der Welt zu verbessern. Aber so wie Beethoven sich zuerst einmal einer intensiven Schulung unterzog, bevor er seine Symphonien schrieb, müssen auch wir uns schulen, bevor wir uns daran machen, die Welt zu verbessern. Welche vorherrschenden Themen hatten die Soundscapes, und wie wandeln sie sich? Wiederholen sie sich immer wieder, oder entwickeln sie sich fortwährend? Welche Regelmechanismen stellen die Kommunikation zwischen allen Klangerzeugern sicher? Welche Rhythmen und Gegenrhythmen gibt es? Ist das Tempo langsam, schnell, wird es schneller oder verlangsamt es sich? Sind die erzeugten Klänge neu oder alt, heimisch oder exotisch, oder sind sie eine ausgewogene Mischung aller Arten?

Ich begann, den Studenten Übungen zu geben, in denen sie sich verschiedene Soundscapes so anzuhören und auszuwerten hatten. Am Anfang sind diese Übungen erstaunlich einfach. Zum Beispiel:

R. Murray Schafer

**Soundscape
Design für Ästhetik
und Umwelt**

1. Suchen Sie in einer verkehrsreichen Straße die Stelle mit der ruhigsten Atmosphäre. Wo ist sie?
2. Suchen Sie eine Stelle, wo Leute Treppen auf und ab gehen. Erzeugt Hinaufgehen den gleichen Klang wie Herunterkommen? Was ist lauter?
3. Erstellen Sie eine Liste aller Geräusche, die ausschließlich oder vorwiegend von Männern gemacht werden, und eine entsprechende für Frauen.
4. Machen Sie eine Aufstellung aller von verschiedener Fußbekleidung hervorgerufenen Geräusche.
5. Geben Sie fünf Arten von Gehflächen an, die unterschiedliche Akustik erzeugen.
6. Zählen Sie, wie oft Sie innerhalb einer Stunde an einer bestimmten Kreuzung Autos hupen (oder Hunde bellen oder Bremsen quietschen) hören.

Durch die Konzentration auf bestimmte Geräusche regte ich die Studenten dazu an, auf alle Geräusche zu hören. Solange man nicht anfängt zuzuhören, passiert auch nichts. Der ganze Körper muß zu einem Ohr werden und alle Klangempfindungen mit seismographischer Genauigkeit registrieren, die großen und die kleinen, die nahen und die fernen. Walt Whitman erwies sich als ein solcher bewußter Hörer, als er schrieb:

Nun will ich nichts tun als lauschen...
Ich höre alle Laute zusammenfließen, vereinigt,
verschmolzen oder ineinander folgend,
Laute der Stadt und Laute von außerhalb der Stadt,
Laute des Tags und der Nacht...
Walt Whitman, »Song of Myself«

Diese Übungen in der Sinneswahrnehmung begeisterten die Studenten sofort. Jetzt konnten die Geräusche der Welt als Widerhall einer unglaublich reichen und feinen Orchestrierung fortwährender Überraschungen erlebt werden. Lärmverschmutzung hatte sich zu einem Thema positiver Erziehung gewandelt.

R. Murray Schafer

Soundscape Design für Ästhetik und Umwelt

Ich betone den sinnlichen Ansatz als Schlüssel zu Soundscape-Untersuchungen, weil er so oft – selbst von den Forschern – ausgelassen wird. Bei Konferenzen von Akustikingenieuren wird oft kein einziges Klangbeispiel gegeben, aber es werden viele Grafiken und Diagramme gezeigt. Heute untersuchen wir Klang auf Sonographen, Oszilloskopen und Schallpegelmeßgeräten. Da sehen wir nur allzu deutlich, wie weit wir vom Weg abgekommen sind. Die alten Griechen, die viele Beobachtungen akustischer Phänomene machten und einige der Grundgesetze unserer Akustik aufstellten, waren viel bessere Zuhörer als die heutigen Architekten und Akustikingenieure. Wenn Aristoteles folgende Aufgabe stellt, möchte er sie durch die Ohren, und nicht durch Grafiken, gelöst haben. Er fragt:

Warum erzeugt kaltes Wasser einen höheren Ton als warmes, wenn beide aus dem gleichen Gefäß gegossen werden?[1]

Mein Modell zur Entwicklung von Übungen für die Studenten war der von Johannes Itten für das Bauhaus entwickelte Grundkurs. Ittens Übungen waren heuristisch. Sie ließen so viele Lösungen zu, wie es Teilnehmer gab. Aber obwohl sie frei und chaotisch wirkten, hatten sie ein unglaublich eng umrissenes Thema. Wo Itten mit Punkten, Linien, Ebenen, Richtungskontrasten, Ruhe, Bewegung, hellen und dunklen Kontrasten arbeitete, begann ich, eine Reihe von sogenannten Ohrreinigungsübungen (*ear cleaning exercises*) zu entwickeln, bei denen die Studenten, nun für die Kunst des Hörens sensibilisiert, mit Klängen zu arbeiten begannen, ja eigentlich schon Soundscape-Modelle schufen. Beispiele für Ohrreinigungsübungen:

1. Bringen Sie einen interessanten Klang in die Schule.
2. Bringen Sie einen Klang, der in totalem Gegensatz zum ersten steht.
3. Bringen Sie einen Summton, ein Klingelgeräusch, einen pochenden Ton, ein kratzendes Geräusch u. s. w. in die Schule.

R. Murray Schafer

Soundscape Design für Ästhetik und Umwelt

4. Lassen Sie über eine Dauer von zwei Minuten vier Klänge erklingen.

Die abschließende Übung in meinem Grundkurs – eine Art Abschlußexamen – war: »Wählen Sie einen Klang. Machen Sie fünf Minuten lang damit, was Sie wollen, und ohne mich zu langweilen.«

Während diese Arbeit in meinen Kursen lief, begann ich, eine Forschungsgruppe zusammenzustellen, die im Feld arbeiten sollte. Ich hatte gehofft, Akustiker, Architekten, Stadtplaner, Musiker und Wissenschaftler, die sich mit der Untersuchung der Funktionen des Ohres befassen, auf eine Weise zu vereinen, wie dies das Bauhaus mit Architekten, Künstlern, Handwerkern und Industriellen getan hatte, um das damals ganz neue Fach des Industriedesign zu erfinden. Das war wahrscheinlich voreilig, aber ich sammelte eine Gruppe von begabten und tatkräftigen jungen Leuten, und zusammen machten wir uns auf zu unserer ersten Untersuchung im Feld: The Vancouver Soundscape. Bei dieser Arbeit entstand die Methodologie für die künftige Forschung. Sie besteht aus einem Buch und zwei LPs. Das Buch ist eine Zusammenfassung der Klänge Vancouvers bis zurück in die Zeiten der Indianer. Das war relativ einfach, da Vancouver eine sehr neue Stadt ist. Wir durchsuchten öffentliche Archive, und wir befragten Indianer und alte Bewohner der Stadt, um die vorherrschenden akustischen Veränderungen zu verstehen, die in den letzten 100 Jahren stattgefunden hatten – eine Art Soundscape-Morphologie. Zum Beispiel kann man, indem man die Warnvorrichtungen auf Rettungsfahrzeugen wie Polizeiautos oder Feuerwehrautos über einen Zeitraum von fünfzig oder hundert Jahren untersucht, feststellen, wie stark der allgemeine Lärmpegel einer Stadt gestiegen ist. 1912 hatten die in Vancouver benutzten Sirenen 88 Dezibel; 1970 hatten sie 120 Dezibel erreicht. Man kann davon ausgehen, daß diese Zunahme mit einer Steigerung des allgemeinen Lärmpegels der Stadt einherging, da Notsignale diesen immer übertönen müssen.

R. Murray Schafer

**Soundscape
Design für Ästhetik
und Umwelt**

Wir haben Leute aller Altersgruppen ausführlich befragt, um die von ihnen bevorzugten Klänge festzustellen. Vogelgesang und Meereswogen standen auf der Liste der Klangvorlieben ganz oben. Rasenmäher, Motorräder und Sirenen führten die Liste der Klangphobien an. Seitdem habe ich solche Untersuchungen oft und in vielen Ländern mit ähnlichen Ergebnissen durchgeführt, wobei Stadtbewohner natürliche Klänge technischen überall eindeutig vorziehen. Natürlich gibt es interessante regionale Unterschiede: Die Schweizer beispielsweise hören lieber Bergbäche als Meereswogen, über die sie keine Meinung haben. Und Meereswogen werden von Leuten, die an stürmischen Küsten, in Jamaika oder in Neufundland wohnen, gefürchtet.

Klang ist nicht nur ein akustisches Phänomen. Er ist auch symbolisch. Ein Klang kann zu einem Objekt gehören, und wenn er erzeugt wird, signalisiert er das Leben dieses Objekts. Oft jedoch wird beim Hören dann etwas Größeres oder Unheimlicheres assoziiert, etwas Suggestives, aber Unerklärliches. Eine Kirchenglocke zum Beispiel, die tausend Jahre oder mehr regelmäßig läutet; oder eine Trommel aus der Haut eines Tieres, die der Jäger, der es tötete, spielt: Diese Klänge lassen sich niemals als reine physikalische Schwingungen erklären.

Je länger sich ein Klang in unserer Kultur wiederholt, desto größer und romantischer wird seine symbolische Resonanz. Mit dem Geräusch eines Zuges beispielsweise kann man Reisen, Abenteuer, Flucht oder die Rückkehr eines geliebten Menschen assoziieren. Als die Eisenbahn in den dreißiger Jahren des neunzehnten Jahrhunderts entstand, bedeutete sie hingegen nur die Zerstörung der Landschaft. Alle von Wagner bis Dickens haßten sie, und die Bayerische Medizinische Hochschule erklärte 1838, daß die Reisegeschwindigkeit von Zügen zweifellos Hirnschäden hervorrufen würde.

Bestimmte Klänge mit besonders starken und atavistischen Assoziationen können sogar als Archetypen gelten, die

R. Murray Schafer

Soundscape Design für Ästhetik und Umwelt

Aspekte des kollektiven Unbewußten offenbaren, die allen Kulturen gemein sind: Wind, Regen, die Schreie von Tieren, die Stimme der Mutter. Als Jung an der visuellen Ikonographie des Mandala oder des Kreuzes arbeitete, berührte er nur einen Strang einer alle Sinne umfassenden Erfahrung. Ich halte es für bedeutsam, daß die erwähnten Klangarten sehr häufig genannt werden, wenn man jemandem ein Breitbandgeräusch vorspielt und dann fragt, was er im Kern des Geräusches eingebettet zu hören glaubt.

Welche Assoziationen Klänge auch besitzen, sie sind ständigen Änderungen und Neubewertungen unterworfen. Deshalb halte ich es für unbedingt notwendig, die Beschaffenheit von Soundscape-Änderungen zu untersuchen und in intensiven Befragungen von Menschen, die in einer bestimmten Umgebung leben, ihre Klangvorlieben und -phobien festzustellen, *bevor* man mit der Gestaltung einer akustischen Umgebung beginnt.

Klänge, die schon lange an einem bestimmten Ort sind, nenne ich *Soundmarks*. Wie Wahrzeichen (*landmarks*) definieren sie seine wesentliche Eigenart und machen ihn damit einmalig. So wie es Gesellschaften für die Erhaltung von Wahrzeichen gibt, sollte es solche geben, die sich der Erhaltung von Soundmarks verschreiben. In der Welt von heute ist das wichtiger als je zuvor, denn Wahrzeichen und Soundmarks sind Sinnesanker, die einem in einer Situation helfen, in der man sich durch den schnellen technologischen Wandel leicht wie ein Flüchtling vorkommt. In unserer Untersuchung der Vancouver-Soundscape registrierten wir viele Soundmarks. Bei einigen handelte es sich um auffallende soziale Klänge, wie das Abschießen einer Kanone um 9 Uhr abends über dem Hafen oder ein bestimmtes Nebelhorn, das sogenannte Diaphon. Manche aber waren recht bescheiden: eine bestimmte Art Telefonsignal, das Knistern von Zederfeuern oder bestimmte Arten von Tür- oder Fensterriegeln in traditionellen Wohnhäusern. Werden einem Haus plötzlich diese Grundtöne genommen, kann es schnell zu einer fremden Umgebung werden.

R. Murray Schafer

Soundscape Design für Ästhetik und Umwelt

Nur wenige Jahre nach der Vancouver-Soundscape-Untersuchung begannen wir, Anfragen für einige der aufgezeichneten Klänge zu bekommen, da sie nicht mehr vorhanden waren. Selbst die Nebelhörner wurden durch elektronische Instrumente mit höherer Frequenz ersetzt, die noch dazu schwächer waren. Die Fischer sagten, sie könnten sie draußen auf See nicht hören. Es wurden Protestbriefe an die örtlichen Zeitungen geschrieben, aber nichts konnte den Fortschrittswahn aufhalten.

Die Soundscapes sind in ständigem Wandel begriffen. Würde man eine Liste aller Klänge aufstellen, die man in jüngeren Jahren täglich hörte, aber heute nicht mehr hört, wäre sie sehr umfangreich. Und sicher könnte es eine ganze Reihe von Beispielen für neue Klänge geben, die erst seit ein, zwei Jahren zu hören sind. Museen sammeln die Artefakte der Vergangenheit. Wo gibt es Museen für verschwindende Klänge?

Die sich entwickelnde Soundscape wird ständig vor unseren Ohren gestaltet und umgestaltet. Aber welche Motive die Gestalter auch haben mögen, ästhetischer Natur sind sie selten. Wir hatten zwar in unseren Soundscape-Kursen viele Musiker, aber mir war von Anfang an klar, daß wir keine Komponisten ausbildeten, sondern einen neuen Beruf zu definieren suchten, den es noch nicht gab, und den es bis heute noch nicht so ausgeprägt gibt, wie es wünschenswert wäre. Ich stellte mir jemanden vor, der technische Fähigkeiten und soziales Interesse mit der ästhetischen Sensibilität eines Komponisten vereint und als Berater – entweder privat oder in einer öffentlichen Verwaltung – für alle Belange akustischer Gestaltung künftiger Gemeinschaften zuständig ist. Solche Fähigkeiten versuchte ich meinen Studenten zu vermitteln.

1974 untersuchten wir sechs Monate lang fünf Dörfer in Europa: in Schweden, Deutschland, Italien, Frankreich und Schottland. Mein Ziel war, die akustische Eigenart von

R. Murray Schafer

Soundscape Design für Ästhetik und Umwelt

Dörfern ungefähr gleicher Größe in fünf verschiedenen Kulturen zu vergleichen. Unsere Methoden beim Sammeln von Informationen verbesserten sich zusehends. Zum einen konnten wir Isobel-Karten der Gemeinden erstellen, welche Schwankungen im allgemeinen Lärmpegel bei Tag und bei Nacht zeigten. Ich erwähne das nur, weil uns immer wieder vorgeworfen wurde, wir seien unwissenschaftlich beim Sammeln von Informationen. Die Abbildung zeigt Decibelkurven im französischen Fischerdorf Lesconil an einem ruhigen Abend im Vergleich zu einer windigen Nacht, als die Brandung hoch schlug.

Die Wirkung des Windes auf die Soundscape ist immer erheblich, hatte aber für Lesconil eine besondere Bedeutung, obwohl wir das nur allmählich verstanden. Das Dorf unterliegt einem Sonnenwindzyklus (*vents solaires*). An einem normalen Tag tragen die Winde zu festen Zeiten von verschiedenen Stellen Klänge in das Dorf. Früh am Morgen hört man die Kirchenglocken von Loctudy, einem Dorf ein paar Kilometer nordöstlich. Gegen 9 Uhr hört man die Bojen

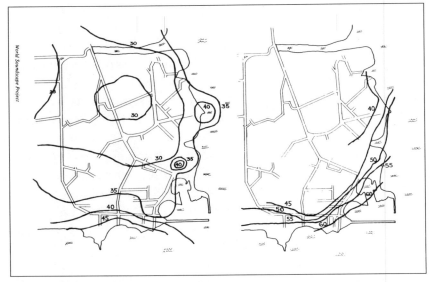

Abb. 1 Isobel-Karte von Lesconil mit Messungen des Geräuschpegels. Linien gleicher Geräuschstärke, links: an einem stillen Abend; rechts: bei Wind am Strand.

R. Murray Schafer

**Soundscape
Design für Ästhetik
und Umwelt**

in der südöstlichen Bucht des Hafens. Um 12 Uhr mittags kann man die Motoren der Fischerboote hören, die manchmal bis zu 15 km südlich sind. Am frühen Nachmittag hört man die Bojen im südwestlichen Teil des Hafens. Um 4 Uhr schließlich hört man die Brandung aus dem Zugloch von La Torche im Westen und manchmal das Nebelhorn in Eckmühl. Am Abend erreichen die Glocken von Plobannalec das Dorf, vermischt mit dem Muhen der Kühe auf den Feldern im Nordwesten.

Das ist ein normaler Tag in Lesconil. Bei einem Sturm im Meer ist der Zyklus unregelmäßig. Was für eine Bedeutung hat das? Es sagt den Fischern, ob sie fischen gehen sollen oder nicht. Kein Einwohner des Dorfes nannte diesen Zyklus von Klängen von sich aus, als wir sie befragten, aber als wir einmal das Muster entdeckt hatten, bestätigten alle es als

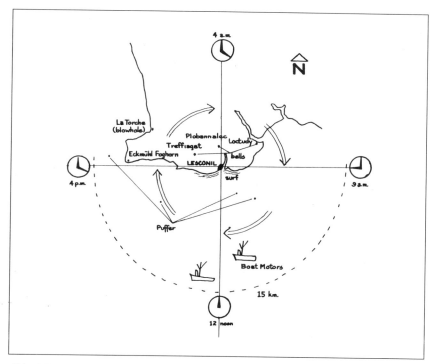

Abb. 2 Das tägliche Muster des Solarwindzyklus in Lesconil zeigt die Schallquellen, welche die Winde während des Tages in den Ort tragen.

R. Murray Schafer

Soundscape Design für Ästhetik und Umwelt

selbstverständlich. Die Fischer und ihre Frauen schienen die Klangänderungen unbewußt, ohne richtig zuzuhören, zu registrieren.

Nachdem wir unsere Untersuchung von Lesconil abgeschlossen hatten, erfuhren wir, daß die französische Regierung beabsichtigte, ziemlich nahe am Dorf eine Autobahn zu bauen. Wir merkten an, daß eine laute Autobahn die Fähigkeit der Fischer schädigen könnte, die akustische Umgebung zu lesen, und damit vielleicht ihren Lebensunterhalt zerstören könnte. Die Angelegenheit wurde in Frankreich zu einer *cause célèbre*, zu einer richtigen Staatsaffäre. Es gab Zeitungsartikel, die UNESCO schaltete sich ein, und es wurde eine Rundfunksendung gemacht, die den Prix Italia erhielt. Als Ergebnis all dieses Aufruhrs wurde die Autobahn umgeplant. Ich glaube, das ist der deutlichste Erfolg, den wir mit der Änderung der öffentlichen Politik aufgrund von Soundscape-Forschungen je aufzuweisen hatten.

Bei dem deutschen Dorf, das wir untersuchten, handelte es sich um das südlich von Stuttgart gelegene Bissingen. Der auffälligste Soundmark von Bissingen sind die Kirchenglocken. Die Ortsansässigen sind sehr stolz auf ihre Glocken, die immer noch viermal am Tag das *Zeitläuten* erschallen lassen, ein System der Zeiteinteilung, das bis ins Mittelalter zurückreicht. Am Abend nach unserer Ankunft im Hotel Adler in Bissingen aßen wir mit einem rundlichen Handelsreisenden zu Abend, der meinte, daß die Glocken von Bissingen und der Apfelwein vom Adler sein Hauptvergnügen in Schwaben seien.

Abbildung 3 zeigt, wie weit die Glocken an einem durchschnittlichen Tag im Umkreis zu hören sind. Oben auf der Karte liegt eine Autobahn; das Profil flacht hier durch den hinzukommenden Lärm ab. Wir befragten einige ältere Bewohner der Gegend und wollten von ihnen wissen, ob die Glocken, bevor es die Autobahn gab, weiter zu hören waren. Das Ergebnis ist die gestrichelte Linie an der Seite der Karte, die eine wesentlich größere Amplitude zeigt. Das schrumpfende Profil der Glocken von Bissingen deutet nicht nur auf eine Zunahme des allgemeinen Lärmpegels in der Gegend hin; es entspricht auch einer Abnahme der Bedeutung der Kirche als ein Zentrum sozialer Macht.

Ich habe den Verdacht, eine Zeichnung ähnlicher Profile für Kirchenglocken in anderen Dörfern in ganz Deutschland ergäbe eine Reihe von sich schneidenden Bögen, die keinen Teil Deutschlands unberührt ließen. Dies würde Martin Luthers Ausspruch bestätigen, daß in Deutschland jeder in das Christentum hineingeboren wird. In den alten Zeiten definierte die Kirchengemeinde die Gemeinschaft, und die Kirchengemeinde war, im Gegensatz zu modernen Grundstücksplänen, akustisch: Hörte man keine Kirchenglocken mehr, bedeutete das, daß man in der Wildnis war.

R. Murray Schafer

Soundscape Design für Ästhetik und Umwelt

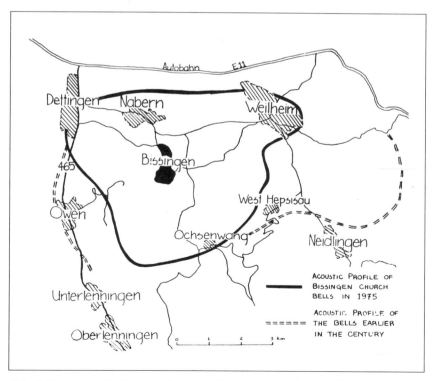

Abb. 3 Akustische Profile der Bissinger Kirchenglocken in zwei Zeitperioden

R. Murray Schafer

Soundscape Design für Ästhetik und Umwelt

Von den vielen anderen Beispielen für akustische Gemeinschaften in der Geschichte will ich nur noch eines nennen. Als es in den frühen Tagen Nordamerikas noch viele Indianer gab, ordneten die Siedler ihre Farmen in Streifen an, wobei ihre Häuser an den Enden von schmalen Feldern zusammenstanden, so daß niemand im Falle eines Alarms außer Hörweite war. Solche Höfe kann man immer noch sehen, insbesondere entlang den Ufern des St.-Lawrence-Flusses. Erst als die Bedrohung durch Angriffe von Indianern nachgelassen hatte, wurden die Felder größer, und die Farmen wurden in weiteren Abständen errichtet.

Daß die Glocken von Bissingen der vorherrschende Klang des Dorfes waren, entspricht einem allgemeinen Gesetz, das einem besonders lauten Klang den Sitz der sozialen Macht zuordnet. Das war früher einmal die Kirche, aber nach der industriellen Revolution war es die Fabrik. Ich habe da eine Theorie, die ich »heiliges Geräusch« (*sacred noise*) nenne, um das Verhältnis zwischen Geräusch und sozialer Macht zu zeigen. Das »heilige Geräusch« zu besitzen, heißt, die Freiheit zu haben, ohne Zensur Lärm zu machen. Als die Kirche stark war, wagte es niemand, den Klang von Kirchenglocken zu kritisieren. Erst als ihre Bedeutung abnahm, schränkten Gesetze das Läuten von Kirchenglocken ein.

Als dann die Macht auf die Industrie überging, dauerte es 150 Jahre, bis man begann, den Schaden des Fabriklärms für die Arbeiter einzudämmen, obwohl die Auswirkungen von Anfang an bekannt waren. In den USA wurde 1970 das Walsh-Healy-Gesetz verabschiedet, nach dem jedes Industrieunternehmen, das Regierungsaufträge bekam, für seine Arbeiter ein zufriedenstellendes Hörhygieneprogramm einführen mußte. Das heißt aber nicht, daß es kein »heiliges Geräusch« mehr gibt. Es ist nur auf andere Inhaber übergegangen: auf die Luftfahrtindustrie einerseits oder die Polizei, deren Sirenen immer lauter werden. Auch die Unterhaltungsindustrie hat sich stark um Untergrundmacht bemüht. Jeder weiß, daß der Lärm bei Rockkonzerten gefährlich ist, aber niemand

R. Murray Schafer

**Soundscape
Design für Ästhetik
und Umwelt**

versucht, ihn zu stoppen. General Noriega wurde vor ein paar Jahren von Soldaten aus der vatikanischen Botschaft in Panama vertrieben, die 24 Stunden pro Tag vor dem Gebäude ohrenbetäubende Rockmusik spielten. Kriege sind »heilige Geräusche« *par excellence*. Einen leisen Krieg kann man sich beim besten Willen nicht vorstellen.

»Lärm ist gleich Macht«, ist eine recht grobe Gleichung. »Stille ist gleich Macht«, ist feiner, aber genauso wirkungsvoll. Je näher man an Personen mit riesiger persönlicher Macht und großem Einfluß kommt, desto mehr ist man von der Stille beeindruckt. Das gilt für Könige genauso wie für Heilige. Und selbst heute kann man sehen, wie der Präsident eines Unternehmens von unerwünschten Unterbrechungen abgeschirmt wird: Sein Büro liegt hoch über dem Verkehrslärm; die Fenster sind gut isoliert; eine Sekretärin fängt seine Anrufe ab.

Sowohl die Erzeugung von Lärm als auch der Schutz von Stille sind Beispiele für akustische Gestaltung. Sie sind Extreme, zwischen denen feinere Design-Übungen zu entwickeln sind. Wir leben in einer Zeit, in der praktisch alles, was wir berühren, sehen oder hören, von Menschen gestaltet ist. Manche mögen vielleicht sagen, die Welt sei übergestaltet. Ich persönlich kann eine solche Welt nur ertragen, wenn die Gegenstände, die ich beobachte und berühre, oder die Klangobjekte, denen ich lausche, einem anderen Zweck als nur dem Profit ihrer Besitzer dienen. Es mag wohl angehen, daß Musik benutzt wird, um Menschen dazu zu bringen, härter und schneller zu arbeiten oder mehr zu kaufen, aber das sind niedrige Motive. Hoffentlich wird in einer künftigen Welt Klang einmal nach höheren Werten gestaltet. Die geeignetsten scheinen dabei Ästhetik und Ökologie zu sein, oder genauer gesagt, über Ökologie informierte Ästhetik. Die Ästhetik begleitet uns schon lange, die Ökologie ist etwas Neues. Ich war schon 35, als ich zum ersten Mal davon hörte.

Das Geheimnis der Ökologie besteht darin, das Gleichgewicht zwischen Organismen und der Umwelt zu finden. Akustische

R. Murray Schafer

Soundscape Design für Ästhetik und Umwelt

Ökologie läßt sich somit als eine Möglichkeit auffassen, die Klangumwelt in ein Gleichgewicht zu bringen. Das hieße, daß wir die Klänge und Rhythmen der Natur – der Vögel, des Windes, des Jahreszeitenwechsels und des Wassers – ganz neu einsetzen müßten, um die heute von den aggressiven mechanischen Rhythmen beherrschte Soundscape ins Gleichgewicht zu bringen. Damit meine ich nicht nur die Reproduktion dieser Klänge (obwohl ich lieber einem Vogel als beinahe jeglicher menschlichen Musik zuhöre), sondern eher die Beschäftigung mit ihren Rhythmen, ihren Längen und ihrem Wechselspiel mit anderen Klängen, die einige der akustischen Alpträume der modernen Welt beseitigen helfen könnte.

Ein Beispiel: ein moderner Bahnhof oder Flughafen mit Hunderten von widersprüchlichen Ansagen von Abfahrt, Abflug, Ankunft und allen möglichen anderen Informationen. Jeden Reisenden interessiert nur eine Ansage; alles andere ist verwirrend und stört. Die Analogie aus der Natur ist eine Frühlingswiese mit Tausenden von Vögeln. Wie hört jeder von ihnen nur das, was ihn angeht? Ganz einfach. Jede Art hat ihren eigenen Ruf oder ihre spezifischen Rufe. Könnte man dieses Prinzip nicht auch auf den Bahnhof anwenden? Jede Linie hätte ihr eigenes Klangmotiv. Der Reisende wüßte sofort, wenn er es hört, ob es die erwartete Ansage ist oder nicht.

Wenn die Industrie sich in Zukunft mehr mit der Umweltästhetik befassen soll, wird interessant sein, wie sie mit Geräten wie Kühlschränken, Staubsaugern oder Klimaanlagen umgeht. Lassen sie sich ohne mechanische Rhythmen umgestalten? Durch Lärmausschaltprogramme könnte man sie fast völlig verstummen lassen, aber das meine ich gar nicht. Ein stilles Heim ist so künstlich wie ein von der Leichtindustrie beherrschtes. Suchten wir wirklich nach kreativen Lösungen, würden wir darüber nachdenken, daß Kühlschränke, Staubsauger und Klimaanlagen Funktionen übernehmen, die urspünglich von der Natur erfüllt wurden, und wir könnten versuchen, sie mit Klängen auszustatten, die das widerspiegeln.

R. Murray Schafer

Soundscape Design für Ästhetik und Umwelt

Wenn ich mich an dieser Stelle dem Orient zuwende, so tue ich das, weil ich glaube, daß es da Hinweise gibt, die uns bei der Entwicklung dieser feineren Ästhetik helfen könnten. Jeder kennt die japanische Teezeremonie, aber kaum jemand weiß, daß in dem bei der Zeremonie benutzten Kessel Eisenstücke liegen, die so angeordnet werden können, daß der Klang des kochenden Wassers einen starken Regen, der durch einen Bambuswald fegt, oder ein fernes Meer, das an die Felsen schlägt, nachahmt. Einen solchen Kessel beschreibt Kawabata in seinem Roman *Schneeland*.

Er konnte zwei Pinienbrisen – eine in der Nähe und eine weit weg – ausmachen. Gleich hinter der fernen Brise hörte er schwach das Bimmeln einer Glocke. Er legte sein Ohr an den Kessel und lauschte. Weit weg, wo die Glocke weiter bimmelte, sah er plötzlich Komakos Füße im Rhythmus der Glocke trippeln.[2]

Die Geschichte des World Soundscape Project schrieb schließlich eine Japanerin. Keiko Torigoe studierte bei mir und richtete nach ihrer Rückkehr nach Japan in Tokio eine Soundscape-Forschungsgruppe ein. Als ich vor ein paar Jahren Japan besuchte, traf ich diese lebhafte Gruppe japanischer Wissenschaftler. Von ihnen erfuhr ich einige der Geheimnisse, wie japanische Gärtner sowohl mit dem Ohr als auch mit dem Auge gestalten.

Ein Wissenschaftler, Yu Wakao, hatte sich der Untersuchung von japanischen Wasserharfen gewidmet – unter Felsbecken vergrabene mitschwingende Gläser, in denen vor dem Eintritt ins Teehaus die Hände gewaschen werden. Die Gläser, die keinen Zweck hatten, wurden so aufgestellt, daß das verschüttete Wasser, das in sie hinein tropfte, eine melodische Kaskade hohler Töne von unten erzeugt. Die Wasserharfen sind nur in den ältesten Gärten zu finden; die Tradition scheint vor etwa 200 Jahren aufgegeben worden zu sein, aber die Soundscape-Gruppe in Tokio hofft, sie wiederzubeleben.

R. Murray Schafer

Soundscape Design für Ästhetik und Umwelt

Als ich darüber nachdachte, was dieses feine Klangbewußtsein ermöglichte, kam ich zu dem Schluß, daß der japanische Musikbegriff viel damit zu tun hatte. Das Wort für Musik, *ongaku*, bedeutet einfach schöne Klänge; es ist eher ein inklusiver als ein exklusiver Klang. Man kann genauso gut von der Musik der Vögel oder des Windes sprechen wie von der Musik eines *koto* oder eines Orchesters. Das traditionelle japanische Papierhaus hat vielleicht etwas mit diesem inklusiven Begriff zu tun. Solche Häuser kann man immer noch in Kyoto und überall auf dem Land in Japan sehen, Häuser mit großen Schiebetüren, die sorgfältig mit Reispapier verkleidet sind. Aufgeschoben eröffnen sie schöne abgeschlossene Gärten, deren Licht und Klänge hineinreichen und die kargen kleinen Räume des Hauses füllen. Im Westen teilen schwere Wände und Glasfenster die sinnliche Umgebung in Innen und Außen: Stille und Lärm, Musik und Kakophonie.

Durch das Fehlen von Wänden und Türen können die Japaner, wie viele andere Völker der Welt, sich zweckfreie Musik vorstellen, die der Umgebung Schönheit verleiht, ohne die Szene beherrschen zu wollen. Die Klangskulpturen von Akinoti Matsumoto sind für diese zurückhaltende Ein-

 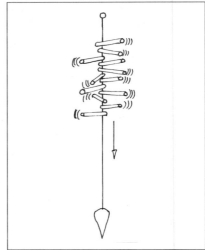

Abb. 4 und 5

stellung typisch. Eine Art *bricolage*, sind sie aus einfachen, in jedem Eisenwarengeschäft erhältlichen Materialien geschaffen.

Ein anderes Instrument besteht aus einer Reihe dünner Metallstäbe. Sie werden von einem kleinen Elektromotor langsam angehoben und fallen dann nacheinander auf Saiten, die auf verschiedene Frequenzen gestimmt sind. Das Tempo der fallenden Stäbe ist sehr langsam, so daß man mehr an die isolierten Schriftrollen oder die einzelnen Blumen in Vasen, die man in Teeräumen findet, denkt, als an ein Musikinstrument. Blumen und Schriftrollen sind hier durchaus angebracht, da Matsumoto beabsichtigt, daß jedes seiner Instrumente ein Zimmer als Teil seines Dekors besetzt. So wie jedes Zimmer seinen *Eigenton* besitzt, scheint jedes Zimmer auch seinen eigenen besonderen Klang zu brauchen, und er muß so sorgfältig ausgewählt werden, wie ein Innenarchitekt Farben und Stoffe auswählt, um einem bestimmten Raum einen eigenen Charakter zu verleihen.

Der Soundscape-Designer pumpt also nicht einfach Musik als gedankenlose Dekoration in eine verpfuschte Umgebung. Er wählt seine Klänge so sorgfältig aus wie ein Maler seine Farben, und seine Arbeit umfaßt ein Handwerk, das ihm die psychologische Wirkung jedes Klangobjekts, das er berührt und in seine Arbeit einbringt, beigebracht hat. Durch seine Arbeit werden die Stimmen der Natur, Musik und Stille künstlerisch und therapeutisch miteinander verwoben, so daß sie ein neues Bewußtsein, in dem Kunst und Leben verschmelzen und nicht ineinander verloren gehen, schaffen.

R. Murray Schafer

**Soundscape
Design für Ästhetik
und Umwelt**

1 Aristoteles, *Problemata Physica*, XI. Buch, Nr. 10
2 Yasunari Kawabata, *Snow Country*, Tokio 1957, S. 155

Mario Bellini
Design zum Hören

Als ich zum ersten Mal gebeten wurde, über Akustik als Aufgabe des Designs zu sprechen, schien mir dieses Thema zu spezialisiert, um einen Architekten und einen Designer anzusprechen, und überhaupt ließe sich über dieses merkwürdige Thema nur wenig sagen. Doch nachdem ich eine Weile darüber nachgedacht hatte, entdeckte ich mehr und mehr Beziehungen und Zusammenhänge zwischen Design und Akustik. Ein Geräusch ist nämlich einfach eine konkrete physische Folge bzw. eine Manifestation unserer physikalischen Welt und gibt daher die meisten ihrer Eigenschaften und Charakteristika wieder. Man neigt im allgemeinen zu der Annahme, daß Geräusche oder Lärm eine nicht greifbare Erscheinung unserer physischen Umgebung sind, wie Geruch oder Parfüm. Wenn aber ein Parfüm Teil einer Substanz ist, die sich um uns herum entwickelt, um dann von unserer Nase wiedererkannt zu werden, so ist das Geräusch eine Energie, die von einem gegebenen Ausgangsmaterial, einer Substanz, einer Struktur oder den Vibrationen eines Körpers erzeugt wird. Und deshalb sagt es uns viel mehr über den Körper, die Substanzen, die Strukturen und vermittelt uns so komplexere und dynamischere Informationen. Der Klang kann daher als eine Qualität unserer physikalischen Umgebung betrachtet werden. Ich bin kein Spezialist auf dem Gebiet der physikalischen Eigenschaften des Klanges. Was ich aber in meiner Eigenschaft als Architekt und Designer interessant finde, ist, die Beziehung zwischen Geräusch oder Lärm und Objekten einerseits und Innenräumen andererseits, sowie die Umwelt innerhalb eines psycho-kulturellen Rahmens mit einigen intuitiven Betrachtungen zu beleuchten.

Geräusch und Raum

Ich möchte mich auf eine weitere Dimension der Geräusche und ihre Beziehung zum Raum in seinen statischen und dyna-

Mario Bellini

Design zum Hören

mischen Charakteristika konzentrieren. Vor Jahren habe ich in einem Buch über Kunst und Umwelt gelesen, daß es einem tauben Mann schlechter ergehe als einem Blinden. Keiner von uns weiß, ob dies wahr ist, aber es mag zutiefst stimmen. Denn Blinde können keine Farben, Formen, Dinge, Menschen sehen, aber durch den Sinn des Hörens sind sie tief berührt von allem um sie herum, und sie lernen, alles zu entdecken; Bewegungen, Dinge und Menschen wahrzunehmen. Taube hingegen können sehen, aber nicht hören. Sie fühlen sich viel isolierter, viel entfernter von der realen Welt. Das zeigt, wie wichtig der Gehörsinn, wie wichtig unsere Beziehung zu dem ist, was wir um uns herum hören. Ich könnte mir zum Beispiel die Natur, die uns umgibt, einfach nicht ohne ihr eigenes reiches Geräuschsystem vorstellen. Selbst ohne den Wind zu sehen, können wir ihn hören; unterscheiden, welche Art von Wind es ist, wie stark er ist, woher er kommt, wohin er geht. Wir können die Bewegung der Blätter hören; den Regen, wie schnell, wie stark er ist, welchen Weg er nimmt; wir können das Meer hören, wie rauh es ist, wo es ist und so weiter. Geräusch oder Lärm ist also ein Mittel der Wahrnehmung, ein sehr wichtiges Mittel der Wahrnehmung. Als Kinder versuchen wir, die Welt um uns herum zu erkennen, indem wir versuchen, sie zu essen; kleine Kinder versuchen alles zu essen. Die Tiere versuchen, eher zu riechen. Der Mensch neigt auch dazu, wenn er jung ist, lernt aber natürlich, daß es unhöflich ist, an Dingen zu riechen, um sie zu erkennen. Wenn wir erwachsen werden, berühren und beklopfen wir die Dinge. Was mich betrifft, so mache ich beides. Einige Leute mögen mich für verrückt halten, aber ich berühre alles, klopfe an alles, denn an dem Klang, der zurückkommt, kann ich erkennen, um was für ein Material es sich handelt und wie es beschaffen ist. Tatsächlich ist unser Gehörsinn sehr fein, sehr subtil. Wir können viele verschiedene Töne, Geräuschsysteme und Strukturen im Gedächtnis behalten; es ist kaum vorstellbar, wieviel Musik wir behalten und sofort wiedererkennen können. Natürlich können einige von uns, nicht sehr viele, Tausende von Farben im Gedächtnis speichern und sie wiedererkennen. Aber ich glaube, daß wir

Mario Bellini

Design zum Hören

weit mehr unterschiedliche Geräusche als Farben aufnehmen und behalten können. Wer je das Erlebnis hatte, geblendet zu sein oder in der Dunkelheit einen Raum zu betreten, kennt die Erfahrung: indem er auf das Echo oder die Vibration seiner Schritte achtet, kann er die Form, die Dimension des Raumes erkennen. Geht man in eine Kathedrale, in ein Stadion, ein Theater oder gar in eine Katakombe, kann man erkennen, wie breit, wie groß, wie tief der jeweilige Raum ist. Selbst die Art des Bodens, auf den man tritt – ob er hart ist, aus Marmor, Holz oder Gummi – ist erkennbar. Geht man aus einem geschlossenen Raum hinaus, ohne dies, z. B. in der Dunkelheit, gleich zu merken, spürt man immer sofort, wann man von einem geschlossenen Raum in einen offenen tritt. Das Geräusch oder die Stille läßt sofort erkennen, wo man sich befindet. Wir erkennen sogar, wenn wir im Dunkeln aus unserem Haus gehen, ob es in der Nacht geschneit hat oder nicht, denn nach einem Schneefall ändert die Umwelt ihre Eigenschaften in Bezug auf die Anzahl des Echos. Es wird dumpfer. Am Geräusch können wir die Position der Geräuschquelle, die Entfernung und die Lage wahrnehmen und auch, ob die Quelle sich bewegt, von wo und in welche Richtung sie sich bewegt. Natürlich können wir selbst die Geschwindigkeit eines gegebenen Objektes feststellen, das Lärm verursacht. Alle haben wir schon einmal erlebt, wie ein Zug in hoher Geschwindigkeit vor uns fährt. Das Geräusch wird höher und fällt dann plötzlich durch den Doppler-Effekt auf eine niedrigere Frequenz, wobei dem Geräusch Frequenzen hinzugefügt und abgezogen werden. Deshalb können wir sogar die Geschwindigkeit wahrnehmen. Im Zusammenhang mit Design ist es wichtig, Materialien und ihren Zustand zu erkennen. Sehen wir zum Beispiel etwas Transparentes, fragen wir uns, ob es Glas oder Plastik ist, aber dann berühren wir es nur, klopfen daran, und sofort werden wir es wissen. Die meisten Materialien bekommen ihre Eigenheit durch ihren Klang. Man kann erkennen, ob ein Metall aus Stahl, Aluminium, Messing oder Blei ist, weil es auf verschiedene Weise vibriert. Sieht man ein Möbelstück aus Holz, so genügt es, daran zu klopfen, um zu sehen, ob ein

Mario Bellini

Design zum Hören

Möbelstück aus Massivholz ist oder nicht; massives Holz, Sperrholz, oder Sandwichbauweise sind durch den Klang unterscheidbar. Sieht ein Architekt eine rauhe Holzstruktur und will feststellen, ob sie in einem guten oder in einem schlechten Zustand ist, so klopft er daran und kann sagen, ob es gutes Holz ist, noch gutes Holz oder ob es sich auflösen und zerfallen wird, weil Holz weicher und leichter wird, wenn es zu alt ist. Fragt der Architekt oder Designer sich, ob eine Struktur stark genug für eine Belastung ist, berührt er sie, schüttelt sie ein wenig, und kann an ihrem Klang erkennen, ob sie solide ist. Wenn man einen Stuhl bewegt, hört man, ob er massiv und weich ist. Muß ich in Erfahrung bringen, ob die Takelage an meinem Boot richtig eingestellt ist, klopfe ich bloß daran und wenn alle Teile gleich klingen, so bedeutet dies, daß sie auf die gleiche Weise gespannt sind wie die Saiten einer Violine oder einer Gitarre. Am Klang kann man mit etwas Übung einen Triumph von einem Porsche unterscheiden. Da ein Porsche luftgekühlt ist, klingt das Getriebe metallischer. Eine Harley-Davidson ist sofort von einem BMW-Motorrad zu unterscheiden. Die BMW-Maschine hat eine Kardanübertragung und man hört den charakteristischen Klang dieses Getriebes. Wie anders klingt ein Zwölfzylinder, der mit Benzin betrieben wird, gegenüber einem Diesel. Musikinstrumente haben wie jeder andere Gegenstand ihren eigenen Klang; sie wurden gebaut, um einen Klang zu erzeugen. Ihre Aufgabe, ihre Bestimmung ist der Klang und so sind Auftrag und Klang in ihrem Fall nicht etwas Unterschiedliches, Zusätzliches. Der Geigenbauer wählt also das Material, die Stärke, Beschaffenheit, Form, die Art des Klebers einzig mit dem Ziel, jenen besonderen Klang zu erzeugen.

Klang und Empfang

Haben wir bis jetzt den Klang als einen Träger von Eigenschaften und Informationen von einer aussendenden Quelle betrachtet, so sollten wir auch sorgfältig die Art, wie der Klang empfangen wird, in Betracht ziehen. Sie hängt nicht

Mario Bellini

Design zum Hören

allein von den Zielen und physikalischen Eigenschaften ab, sondern wird ständig auf unterschiedliche Art und Weise von der Verfassung, der Stimmung und der Kultur des Empfängers beeinflußt. Das gleiche Geräusch kann für verschiedene Menschen in verschiedenen Kulturen eine unterschiedliche Bedeutung haben. Nimmt man das Beispiel einer Schreibmaschine vor sechzig Jahren, so war sie, wie wir alle wissen, sehr laut. Gewiß aber galt sie in diesen Jahren als ein Zeichen des Fortschritts, als etwas Besonderes, und wurde von den Menschen, die in einem Büro arbeiteten, nicht als Störung, sondern als neues technologisches Hilfsmittel empfunden. Heutzutage würden wir laute Schreibmaschinen während der Arbeit nicht ertragen. Wenn wir den Lärm eines Flugzeugs oder den Lärm eines Ferrari hören, so sind beide Geräusche sehr laut, sehr intensiv. Aber wir würden wohl eher den Jet als Störung empfinden, den Ferrari hingegen als etwas, das uns Spaß macht und ein Gefühl von Macht und Prestige und High-Tech vermittelt. Ein Lastwagen dagegen stört uns objektiv, und wir betrachten sein Geräusch als etwas Aggressives, Fremdes. Wohnen wir während unserer Ferien in der Nähe des Hafens und hören den Fischer seinen Dieselmotor anwerfen und ausmachen, so wird es uns nicht so sehr irritieren, weil wir in einer anderen Stimmung sind, die sich auf ein romantisches Ferienleben konzentriert. Die intensive Lärmentwicklung auf dem Meer würde uns nicht stören, während uns der Staubsaugerlärm im Haus sehr irritieren könnte. Ebenso ist Straßenlärm im Haus unerträglich. Befindet man sich aber auf einem offenen Platz, wie dem Souk oder der Plaza in Marrakesch, die noch lauter sind, gefällt es aus kulturellen Gründen. In Japan schlürfen die Leute ihre Suppe und verursachen dabei ein schreckliches Geräusch, aber es wird als sehr höflich betrachtet, und daher mache ich es genauso, wenn ich dort bin.

Mario Bellini

Design zum Hören

Design und Akustik

Es ist keine Frage, daß der Designer die akustischen Gegebenheiten in Betracht ziehen und die akustische Tragweite seiner Arbeit berücksichtigen muß. Vorsicht ist geboten, ob der Klang eines Autos, einer Autotür, über seine Qualität Auskunft gibt. Um manches schöne Geräusch zu erhalten, brauchen wir wirkliche Qualität und wir sollten nicht in Versuchung gebracht werden, sie zu manipulieren. So kann ich mir nicht vorstellen, wie ein Designer versuchen könnte, über den Klang der Autotür eine Qualität vorzutäuschen, die der wirklichen Qualität nicht entspricht. Ein weiteres Problem besteht darin, störenden Lärm zu reduzieren – das Beispiel des Staubsaugers ist hier äußerst willkommen. Ich habe früher viele Büromaschinen entworfen und manchmal wurden wir mit dem Dilemma konfrontiert, die äußere Form zu verbessern oder zu verkleinern oder leichter zu gestalten. Um den Lärm einer Maschine zu verringern, muß die Form innen oft mit schwerem Isoliermaterial ausgekleidet werden. Das nimmt Raum in Anspruch und unser ewiger Kampf bestand darin, eine immer noch schmalere, schönere und leichter aussehende Maschine zu entwerfen. Ich muß gestehen, daß wir manchmal zwischen Geräusch und Schönheit Kompromisse geschlossen haben, gewissermaßen nach der Formel: Je weniger Dezibel, desto geringer die Schönheit. Wir hätten oft Verwendung für die technische Fähigkeit, Geräusche herzustellen, den Klang zu verändern, gehabt. Ein Ingenieurteam kann heute die Qualität verändern, die Zusammenstellung oder die Form eines Geräusches in ein akzeptableres, gefälligeres Geräusch umwandeln, transformieren, eines, mit dem man leben kann. Dieses eher neue Gebiet der Technologie und des Design könnte uns künftig sehr interessante Resultate liefern.

Mario Bellini

Design zum Hören

Bürogestaltung

Das traditionelle Büro wurde vor dreißig oder mehr Jahren mit einem Korridor und Räumen konzipiert. Hier in Deutschland hatte dann eine Bewegung mit dem Namen »Bürolandschaft« ihren Ursprung und jeder begann sie für fortschrittlicher zu halten. Es war der kulturelle Trend dieser Jahre: Offener Raum gleich offene Gesinnung. Aber natürlich bedeutet ein offener Raum auch mehr Lärm, weniger Privatatmosphäre. Um mit diesem Problem fertig zu werden, stellten Bewohner und Designer mehr Grünpflanzen auf, richteten Lärmschutz ein und stellten einige lärmdämmende Sichtschutzwände auf. In Wirklichkeit absorbieren sie nicht viel Lärm, sehen aber so aus, als ob sie es täten. Und dann begannen einige Leute, uns die Idee der Bürolandschaft zu verkaufen, indem sie von *noise masking* sprachen. Was ist *noise masking*? *Noise masking* ist ein diffuses, gleichmäßiges Geräusch, das uns schließlich glauben läßt, wir hätten doch etwas Privatsphäre, und uns schließlich zu der Überzeugung kommen läßt, daß die Menschen um uns herum nicht genau hören, was wir am Telefon sagen. Ich weiß nicht, ob es funktioniert. Ich habe nie in einer solchen Umgebung gearbeitet. Ich würde mich dort eher unwohl fühlen. Und ich glaube, den meisten Menschen ergeht es ebenso. Tatsächlich kommen wir heutzutage zurück auf das sogenannte traditionelle Büro, das natürlich einen besonderen Namen erhalten muß, und nun nennen wir es *zellulares* Büro, was einfach bedeutet, Korridore und Räume. All dies hat natürlich mit Psychologie und Welt, mit dem Design von Räumen und Maschinen, aber auch wieder viel mit Geräusch zu tun. In Zukunft werden die Büros immer lärmfreier und leiser. Alle lautstarken Maschinen werden in leise Maschinen umgewandelt und schließlich werden wir nur noch von wenigen Geräuschquellen im Büro gestört werden. Die Idee des *noise masking* wird immer weniger Bedeutung haben und ich vermute, daß wir auf die Idee des geschlossenen Büros zurückgreifen werden.

Mario Bellini

Design zum Hören

Klang und Architektur

Jeder Architekt berücksichtigt bei der Gestaltung von Architektur Geräusche und Lärm. Das griechische Theater hatte sehr viel mit Klang zu tun und konzentrierte ihn auf den Zuschauer. Selbst die tragischen Masken, die in den Tragödien verwendet wurden, dienten dazu, die Stimme des Schauspielers zu konzentrieren und zu betonen. In japanischen Gärten soll der Ton tropfenden Wassers die Stimmung verbessern, um Konzentration und Denken zu fördern. Das Haus war natürlich als Unterkunft für Menschen gedacht, aber auch um Schutz und Privatatmosphäre zu gewähren, also den Klang und die Menschen voneinander zu isolieren. Ich muß abschließend sagen, daß ich glaube, ohne Hörvermögen hätte ich ganz gewiß weder ein Designer noch ein Architekt sein können.

Johannes Hirschel/Gerd Wilsdorf
Wie klingt ein Markenartikel?

**Ein Kühlschrank muß schön sein,
also muß er auch gut klingen.**
Raymond Loewy

Im Hausgeräte-Bereich von Siemens beschäftigen wir uns auch intensiv mit den Wechselwirkungen von Akustik und Design. Loewy hat bereits 1951 gesagt, »geräuschvoller Betrieb verrät schlechte Gestaltung, Lärm bedeutet unnötige Energievergeudung«[1]; gegen den Parasiten Lärm muß also etwas unternommen werden. Eine Skizze der Rahmenbedingungen des Haushalts soll zeigen, daß das Thema keineswegs die Sache von abgehobenen Ästheten ist, sondern uns alle täglich berührt, Lärmzonen und Ruhezonen in unseren Wohnungen rücken schließlich immer weiter zusammen. Nicht nur die Küchen werden immer kleiner – jede zweite ist kleiner als 10 m² – die durchschnittliche Wohnungsgröße in den Ballungszentren ist seit dem Krieg ständig zurückgegangen. Die herkömmliche Waschküche im Keller gibt es kaum noch; heute steht die Waschmaschine in zwei Drittel aller Fälle im Bad oder in der Küche, also im Wohnbereich. Im Vergleich zu früher haben wir heute ein völlig anderes Haushaltsmanagement, ein neues Rollenverständnis im Bezug zur Hausarbeit. Wo gibt es noch die traditionelle Hausfrau, deren Lebensmittelpunkt die Haushaltsführung war? Die Zahl der berufstätigen Frauen steigt weiter an. Gleichzeitig leben bereits in zwei Drittel aller Haushalte nur noch eine oder zwei Personen, von denen jeder auch jede Tätigkeit ausüben muß: Hausmann, Hausfrau, ja auch die Kinder, und alles auf engstem Raum. Der Klang der Waschmaschine geht also jeden an.

Dazu kommt ein interessanter psychologischer Affekt neuerer Art, das, was Carmen Lakaschus die »neue Sensibilität«[2] nennt. Sinnesreize aller Art werden verstärkt aufgenommen und noch die subtilsten Reize werden differenziert. Die Suche

Johannes Hirschel/
Gerd Wilsdorf

Wie klingt ein Markenartikel?

nach immer neuen Sinneserlebnissen, verbunden mit dem Bedürfnis, die eigene Ausstrahlung zu entwickeln und zu pflegen, geht einher mit einer verstärkten Abwehr von Fremdbestimmung, von unerwünschten Einflüssen von außen. Mehr Empfindsamkeit heißt wohl auch mehr Empfindlichkeit gegenüber Streß, Unbehagen, unguten Gefühlen, also auch gegenüber Geräuschen. Was wir als störend empfinden, ist natürlich immer sehr individuell zu verstehen: am frühen Morgen hören wir ganz anders als mitten am Tag; Weihnachtslieder stören, wenn sie schon im Oktober aus allen Kaufhäusern dröhnen, Disco-Lautstärke im Kinderzimmer stört – zumindest die Kinder – nicht, eine scheppernde Kaffeemühle aber stört zu jeder Zeit jeden.

Geräusche im häuslichen Leben

Sie können lästig, erwünscht, überflüssig oder im Gegenteil dringend nötig sein. Sicher hat keiner das Bedürfnis, einen Kühlschrank zu hören, auch einen Geschirrspüler oder eine Waschmaschine, die keinen Laut von sich gibt, könnte man sich wünschen – ein optisches Signal über den Betriebszustand würde völlig genügen. Ein Espresso aber, der so ganz ohne Zischen und Ächzen aus der Maschine kommt, kann einfach nicht schmecken, ebensowenig wie ein Steak, das nicht hörbar in der heißen Pfanne brutzelt, oder ein Champagner, dessen Korken sich lautlos davonmacht. Auch einem Staubsauger, der beim Saugen keinen Laut mehr von sich gäbe, würde man möglicherweise nicht viel an Leistung zutrauen. Und ein Wecker, dessen morgendliches Piepsen so angenehm ist, daß man selig weiterschlummert, wird wohl kaum als sinnvoll angesehen. Es gibt also *gute* und *schlechte* Geräusche. Zunächst als *schlecht* empfundene Geräusche können wir dennoch gut finden, weil sie uns warnen, wecken, oder, wie auch immer, als Signale auf einen Handlungsbedarf hinweisen.

Johannes Hirschel/
Gerd Wilsdorf

Wie klingt ein Markenartikel?

**Gute und schlechte Geräusche –
aus dem Alltag eines Designers**

In der Küche, dem Hauptarbeitsplatz im Haushalt, begegnen und überlagern sich eine Vielzahl von Geräuschen:
- das Lüftergeräusch eines Einbauherdes
- das Brutzeln eines Steaks in der Pfanne
- das Brausen und Plätschern der Spülmaschine
- das Köcheln des Sugo
- das Sauggeräusch eines Staubsaugers
- das Entkorken einer Weinflasche
- das Mahlen der Kaffeemühle
- das Blubbern, Brodeln und Zischen der Kaffeemaschine
- das Zischen beim Aufgießen des Bratens
- das Piepen der Herduhr am Ende des Bratvorganges
- und einiges mehr.

Diese Geräusche lassen sich in drei Kategorien unterteilen: Tonsignale oder Signaltöne, emotionale und technisch bedingte Geräusche. Die emotionalen Geräusche zählen zu den guten Geräuschen. Das Brutzeln eines Steaks oder das Entkorken einer Weinflasche lösen Vorfreude aus. Sie brauchen daher auch nicht unterdrückt zu werden. Technisch bedingte Geräusche wie etwa das Sauggeräusch beim Staubsauger gehören dagegen zu den schlechten Geräuschen. Sie gilt es mit Hilfe technischer sowie gestalterischer Maßnahmen zu mildern, bzw. zu dämpfen. Das heißt aber nicht, daß diese Geräusche völlig eliminiert werden müssen. Eine dezente Restlautstärke dient als Funktionsquittierung. Signaltöne nehmen eine Sonderstellung ein. Sie sind konzipiert, um aufzufallen. Der Piepston der Herduhr besteht aus einem reinen Sinuston von 2 kHz. Verschiedene Impulsfolgen haben differente Bedeutung.

Johannes Hirschel/
Gerd Wilsdorf

Wie klingt ein Markenartikel?

Schallquellen im Haushalt

Türen: Spülmaschine, Waschmaschine, Herd, Backofen, Kühlschrank, sowie Staubbeutel-Klappe und Wassertank-Deckel bei Kaffeemaschinen
Antriebe: Verdichter mit Motor beim Kühlgerät, Pumpenmotor beim Spüler, Lüftergebläse beim Herd, Motor der Waschmaschine, Mahlwerk und Motor der Kaffeemühle
Medien: sprühendes Wasser in der Spülmaschine, umgewälzte Luft beim Trockner, bewegte Wäsche in der Lauge, beschleunigte Luft beim Staubsauger
Materialien: Stahlblech, Kunststoff, Emaille, Glas, Aluminium, Schaum
Handhabung: Rasten, Schnappen, Gleiten, Rollen, Verriegeln
Zeit: Langzeitprozesse wie Dunstabzug, Wäschetrocknen, Spülen; kurze Vorgänge wie Toasten, Kaffeemahlen, Schinkenschneiden

Fünf Beispiele für praktisches Akustik-Design

Dunstabzug-Haube: Der Dunstabzug ist ein für Langzeitnutzung gedachtes Produkt. Bei einem längeren Garprozeß ist er über Stunden hinweg in Funktion. Die Kunst der Konstrukteure besteht darin, über längere Zeit eine möglichst große Luftmenge geräuscharm zu transportieren. Es handelt sich hierbei um 500 – 700 Kubikmeter pro Stunde Fördervolumen. Bei den dabei notwendigen Strömungsgeschwindigkeiten entstehen lästige Geräusche. Auch der Motor gibt Lauf- und Brummgeräusche ab, obwohl er elastisch aufgehängt ist. Bei unseren neuen Dunstabzug-Hauben haben wir den Motor von der eigentlichen Haube getrennt. Er ist in einem Gehäuse außerhalb installiert. Dem Designer bringt das den Vorteil größerer Gestaltungsfreiheit, weil der Motor nun nicht mehr die Form der Esse bzw. Dunstabzug-Haube bestimmt. Die eingebaute Akustikfalle nutzt die geradlinige Ausbreitung des Schalls aus; so konnte die Geräuschbelästigung in der Küche auf ein Minimum reduziert werden.

Johannes Hirschel/
Gerd Wilsdorf

Wie klingt ein Markenartikel?

Kühlschrank: Ein etwa 30 Jahre alter Kühlschrank läßt sich mit einem satten »Klack« schließen. Dieses »Klack« ist die akustische Rückmeldung: »Schließvorgang abgeschlossen«. Nun wird ein Kühlschrank aber im Laufe eines Tages sehr oft auf und zu gemacht, und damit das ewige »Klack« zur Belästigung. Viel wichtiger als die akustische Störung war aber ein sicherheitstechnischer Aspekt: In den 60er Jahren wurde aufgrund tragischer Unfälle mit einer Norm festgelegt, daß ein Kühlgerät mit mehr als 60 Litern Innenvolumen mit weniger als 70 Newton Kraft von innen geöffnet werden kann. Etwa zur gleichen Zeit trat die Magnetdichtung bei Kühlgeräten ihren Siegeszug an. Diese Dichtung löste viele Probleme auf einmal:
– die Türöffnungskraft ließ sich unter die geforderten 70 Newton bringen
– durch das gleichmäßige Anliegen der Magnetdichtung an der gesamten Dichtfläche schloß die Tür wesentlich dichter und sparte so auch Energie
– das Geräusch beim Öffnen und Schließen war deutlich geringer.

Ein etwa 30 Jahre alter und ein moderner Kühlschrank.

Johannes Hirschel/
Gerd Wilsdorf

Wie klingt ein Markenartikel?

– War die Tür nun lärmberuhigt, galt die Aufmerksamkeit dem Verdichter. Er steht inzwischen auf Elastikelementen und hat durch diverse technische Kunstkniffe akustisch an Bedeutung verloren. Die Kühlschlange dient als Membrane und muß daher entkoppelt werden.

Waschmaschine: Die Wohnungen in den Städten werden immer kleiner. Immer häufiger ist daher die Waschmaschine in der Küche oder im Bad anzutreffen. Um so notwendiger ist daher die Geräuschabsenkung und das Dämpfen hoher Frequenzen. Folgende Maßnahmen verringern das Geräuschniveau beim Waschen wie auch beim Schleudern:
– Motor mit möglichst geringer Körperschallübertragung
– sehr steifes Trommelsystem
– geschlossene Bodenabdeckung
– schalldämpfendes Dämmaterial
– elektronisches Unwuchtkontrollsystem

Spülmaschine: Sie ist schon länger in der Küche heimisch als die Waschmaschine. Es gelten die gleichen Forderungen nach Geräuschminimierung im Wohnbereich. Durch intensive Entwicklungstätigkeit im Bereich der Wasserführung und der Gestaltung der Sprüharme gelang es, das Geräuschniveau innerhalb der letzten 10 Jahre von 80 Dezibel auf nunmehr 50 Dezibel abzusenken, um ein Drittel des Geräusches also. Der nächtliche Lärmpegel auf vielen Münchner Straßen beträgt über 60 Dezibel.

Staubsauger: Der akustische Fortschritt sowie die formale Entwicklung läßt sich am Beispiel zweier Geräte demonstrieren, dem VS 711, einem Gerät von 1991, und dem VS 511, Baujahr 1987.
Schaltet man im Wechsel die beiden Staubsauger mit einer Leistung von jeweils 250 Watt ein, so ist der VS 711 fast nicht zu hören, der VS 511 dagegen macht sich durchaus bemerkbar. Bei der Leistungsstufe von 500 Watt ist der Unterschied ähnlich deutlich und auch bei der Maximalleistung von 1100 Watt bleibt der VS 711 im Rahmen. Des Rätsels

Johannes Hirschel/
Gerd Wilsdorf

Wie klingt ein Markenartikel?

Lösung ist die doppelschalige Gehäuseausführung und eine Gestaltung der Luftführung, die durch viele empirische Versuche festgelegt wurde. Trotz schlankerer Gehäuseabmessungen werden hohe Frequenzen – und das sind die störenden – deutlich besser gedämpft als beim alten Modell.

Marke und Klang

Was also wäre die Aufgabe eines Hauses, das für sich in Anspruch nimmt, von all diesen Dingen zu wissen, und Akustik als eine Aufgabe auch des Design versteht? Das zwischen guten und schlechten Geräuschen zu unterscheiden weiß und das etwas unternimmt, die schlechten, unnötigen zu unterdrücken, und die guten, angenehmen zu entwickeln, zu kultivieren?

»Marke besteht immer auch aus Geräusch«, sagt Klaus Brandmeyer.[3] Das Image einer Marke in den Köpfen der Verbraucher hat oft auch eine Klang-Dimension, ein reales oder

Siemens Staubsauger V 511, 1987 und VS 711, 1991

Johannes Hirschel/
Gerd Wilsdorf

Wie klingt ein Markenartikel?

psychologisches Klang-Versprechen trägt dann wesentlich zum Mehr-Wert einer Marke bei. Man denke nur an das Ins-Schloß-Fallen der Tür einer Nobelkarosse. Dieses Klang-Bild im Kopf des Verbrauchers entsteht in erster Linie natürlich durch reales Erleben, das geschickterweise aber gestützt wird durch entsprechende Kommunikation. In der Haushaltsgerätebranche ist das Thema »fehlende« Geräuschentwicklung längst zu einem Standardthema geworden: »Der Trockner für stille Stunden«, »Alles schläft, einer wäscht«, Produkt-Reihen namens *Silence*. Schlafende Babies oder Katzen auf Waschmaschinen und Wäschetrocknern sind gängige Metaphern für Nicht-Lärm. Erlernte Bilder, die versprechen, was wir hoffentlich halten.

Auch die Geräuschentwicklung der Werbung selbst, im Radio, im Fernsehen, gerade zu den Themen »Wohlklang« oder »leise« ist ein weites Feld, aber leider eher von Klischees als von Originalität geprägt und kaum über Mozart hinausgekommen. Innovative Technik, die das Leben der Menschen angenehmer macht, so die Markenpositionierung für den Konsumgüterbereich von Siemens, umfaßt neben der technischen Qualität, der ökologischen Verträglichkeit und der Lebensdauer der Produkte selbstverständlich die Eigenschaften »leise« und »angenehm« im täglichen Umgang. Die Akustik hat einen erheblichen Stellenwert in der Konzeption unserer Hausgeräte. Mit dem Anspruch des Marktführers im deutschen Markt und einer der führenden Marken in Europa verbindet sich konsequenterweise die Forderung des Marketing an Entwicklung, Konstruktion und Fertigung nach dem jeweils »leisesten« Angebot im Markt. Das macht die Akustik für uns zu einem ständigen Thema.

Akustik und Ökologie

Natürlich gibt es immer wieder Konflikte zwischen den Forderungen nach Geräusch-Design und der Umweltverträglichkeit. Geräusch-Dämmung oder -Isolierung ist eben oft

Johannes Hirschel/
Gerd Wilsdorf

Wie klingt ein Markenartikel?

eine Frage des Material-Einsatzes, der Qualität und Quantität der eingesetzten Stoffe. Es ist natürlich eine Frage der Proportionen, wenn man allzu betont von optimierter Schall-Isolierung eines Kühlschrankes spricht, ohne für den Problemstoff FCKW, den man eben immer noch für diese Isolierung braucht, bereits eine überzeugende Ersatzlösung zu haben. Auch hier ist die Ökologie eine der dringendsten, aber auch interessantesten Dimensionen des Design. Die Mitverantwortung des Designers für den Aufwand an Energie, Rohstoffen und Abfall in der Produktion ist gewiß von gleich großer Bedeutung wie die Gestaltung von Form und Klang. Ästhetik in Übereinstimmung mit den Forderungen nach Minimierung des Materialeinsatzes, nach Sortenreinheit, nach Recyclingfähigkeit zu bringen, ist kein Widerspruch, sondern eine Herausforderung.

1   Raymond Loewy, *Häßlichkeit verkauft sich schlecht*, Econ, Düsseldorf 1953, S. 166
2   Carmen Lakaschus »Die Dienstleistungsgesellschaft von morgen«, aus: *Ran an die Zukunft*, Economia, Hamburg 1991, S. 148–155»
3   Klaus Brandmeyer, in: Klaus Brandmeyer/Alexander Deichsel, *Die magische Gestalt*; Marketing Journal, Hamburg 1991, S. 58

Raymond Freymann
Das Auto – Klang statt Lärm

Die Bedeutung der Klangfarbe

Immer wieder bemerkt es der Käufer beim Erwerb eines Neuwagens: Wieder einmal ist »der Neue« komfortabler als »der Alte«. Insgesamt ist er leiser und wirkt akustisch ausgewogener. Waren »beim Alten« vielleicht in verschiedenen Drehzahl- und Geschwindigkeitsbereichen noch verschiedene Brumm- und Dröhngeräusche mehr oder weniger deutlich wahrnehmbar, so überzeugt »der Neue« in allen Betriebszuständen durch ein dezenteres akustisches Auftreten.

Dieser deutlich spürbare Zuwachs an Komfort ist die Folge eines ständig zunehmenden Aufwandes in den Forschungs- und Entwicklungsabteilungen der Automobilindustrie. Insbesondere zur gezielten akustischen Auslegung von Fahrzeugen werden immer größere Anstrengungen unternommen.

Bei den heutzutage erreichten niedrigen Geräuschpegeln im Fahrzeuginnenraum stellt sich nun aber heraus, daß nicht nur die Lautstärke des Geräuschs, sondern auch die Geräuschqualität, d. h. dessen Klangfarbe, von Bedeutung ist. Aus dieser Feststellung folgt, daß »laute« Geräusche nicht notwendigerweise als störend oder, in umgekehrter Weise, daß nicht alles »Leise« als angenehm empfunden wird. Diese neue Dimension der akustischen Optimierung stellt für die im Automobilbereich tätigen Akustiker eine neue Herausforderung dar, haben sie doch jetzt neben dem Ziel, niedrige Geräuschpegel zu realisieren, die zusätzliche Aufgabe, ausgewogene und harmonische Klangbilder zu komponieren.

Die Kernfrage dieser Entwicklungsaufgabe lautet: Wie hat die »Mischung« der von den verschiedenen Geräuschquellen am Fahrzeug (Abb. 1) erzeugten Geräusche zu erfolgen, damit in allen akustisch relevanten Betriebszuständen (Abb. 2) – sowohl von den Insassen als auch von den Passanten – ein insgesamt angenehmes Geräuschklangbild wahrgenommen

Raymond Freymann

Das Auto – Klang statt Lärm

Abb. 1

Akustisch relevante Betriebszustände eines Fahrzeugs

- Leerlaufbetrieb
- Stop and Go Betrieb
- Fahrt mit geringer und hoher Beschleunigung
- Konstantfahrt bei niedrigen und hohen Geschwindigkeiten
- Schubbetrieb
- Konstantfahrt unter hoher Last (Bergfahrt)

Abb. 2

Kriterien für die akustische Auslegung eines Fahrzeugs

- Positionierung des Fahrzeugs
  → repräsentative Limousine oder Sport-Cabrio?
- Aspekte der aktiven Sicherheit
  → akustische Rückmeldung an den Fahrer
  → Fahrzeug muß für Passanten hörbar sein
- Umweltakzeptanz
  → harmonische Klangfarbe des Außengeräuschs
- Gesetzliche Außengeräuschvorschriften nach
  → ISO-Norm R 362

Abb. 3

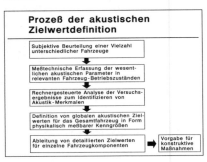

Abb. 4

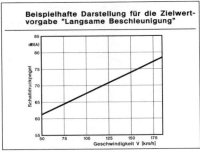

Abb. 5

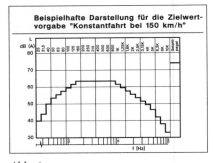

Abb. 6

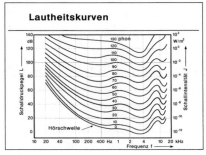

Abb. 7

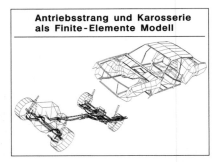

Abb. 8

wird? Die Lösung dieser Aufgabe erfordert von den Fachakustikern viel Fingerspitzengefühl. Ein hoher Entwicklungsaufwand ist erforderlich. So werden z. B. im Rahmen von »Sound-Engineering«-Studien unter Einsatz aufwendiger elektronischer Geräte die Klangbilder schon bestehender Fahrzeuge auf synthetischem Wege immer wieder modifiziert und akustisch über Kopfhörer wiedergegeben; all dies zur Gestaltung »wohltemperierter« Klangbilder von Fahrzeugneuentwicklungen.

Akustische Zielwertdefinition

Zu jedem Fahrzeug gehört ein typisches Klangbild! So muß die repräsentative Limousine neben einem niedrigen Geräuschniveau im Innenraum auch eine über den gesamten Drehzahlbereich harmonisch verlaufende Geräuschcharakteristik aufweisen. Das Motorengeräusch sollte im höheren Geschwindigkeitsbereich kaum hörbar sein und das »Hintergrund-Restgeräusch«, bestehend insbesondere aus Wind- und Rollgeräuschen, etwas überdecken.

Ganz anders hat die akustische Auslegung eines Sportwagens zu erfolgen. Hier ist ein sonorer Motorsound erwünscht. Der Fahrer muß – nicht zuletzt aus Sicherheitsgründen – jederzeit am Geräuschklangbild erkennen können, in welchem Geschwindigkeits- und Drehzahlbereich er die Maschine gerade betreibt, ob sie hoch oder weniger belastet ist.

Ein Sportwagen mit der Geräuschkulisse einer komfortablen Reiselimousine wäre ein langweiliges Fahrzeug. Daraus ist klar erkennbar, daß zu unterschiedlich positionierten Fahrzeugen (Abb. 3) auch unterschiedliche Klangbilder gehören. Derart konträre Anforderungen bestehen auch für das Außengeräusch verschiedenartiger Fahrzeuge. Die noble Limousine muß, vom Passanten aus gesehen, kaum hörbar vorbeigleiten und darf nie aufdringlich wirken. Demgegenüber sollte ein

Raymond Freymann

Das Auto – Klang statt Lärm

Roadster an dem leicht brummigen, typischen Auspuffgeräusch erkennbar sein.

Hier ist anzumerken, daß ein absolut leises, d. h. ein akustisch nicht mehr wahrnehmbares, Fahrzeug sowohl für den Fahrer als auch für die Passanten eine Gefahr darstellen würde. So benötigt der Fahrer aus reinen Sicherheitsgründen diverse akustische Rückmeldungen, z. B. darüber, ob der Fahrtrichtungsanzeiger betätigt wurde oder ob das ABS-System des öfteren in Aktion tritt. Andererseits muß der Passant wiederum aus Gründen der Verkehrssicherheit auch wahrnehmen – hören – können, wenn sich ihm ein Fahrzeug von hinten nähert. Mit Blick auf die Umweltakzeptanz von Fahrzeugen wird selbstverständlich viel Wert auf die harmonische Klangfarbe des Außengeräuschs gelegt. Die von den Fahrzeugen nach außen abgestrahlte Schalleistung kann heute schon als gering angesehen werden. Enorme Anstrengungen wurden zur drastischen Herabsetzung des Außengeräuschs von Automobilen unternommen.

Selbstverständlich können die hohen Anforderungen an das akustische Verhalten von Fahrzeugen nur dann erreicht werden, wenn die Belange der Akustiker in einem sehr frühen Entwicklungsstadium neuer Fahrzeugmodelle konsequent berücksichtigt werden. Wichtig zu diesem frühen Zeitpunkt sind das Spezifizieren von quantitativen akustischen Zielwerten für das Gesamtfahrzeug und seine wichtigsten Komponenten (Motor-Getriebe-Einheit, Fahrwerk, Karosserie), sowie das Definieren von konstruktiven Maßnahmen zum Erreichen der Vorgaben (Abb. 4).

Diese Vorgehensweise zeigen die Ziellinien zur Charakterisierung der akustischen Eigenschaften in zwei Betriebszuständen eines Fahrzeugs in Abbildung 5 und 6 exemplarisch. Die Ziellinie in Abbildung 5 gibt vor, daß bei einer langsam beschleunigten Fahrt, im Geschwindigkeitsbereich von 50 bis 180 km/h, der Schalldruck im Fahrzeuginnenraum vorgegebene Pegel nicht überschreiten darf. Diese Vorgabe eines maximalen Schalldruckpegels allein ist nicht ausreichend, da sie nur die Lautstärke definiert, jedoch kein Kriterium für die Geräuschqualität darstellt. Hierzu bedarf es einer Beschreibung der Zusammensetzung aller Geräusche, wie sie – am Beispiel einer Konstantfahrt bei 150 km/h – in Abbildung 6 in Form einer spektralen Verteilung der Geräuschanteile aufgezeichnet wird.

Auffallend an dem dargestellten Terz-Spektrum ist u. a. der steile Abfall im höheren Frequenzbereich ab 1 kHz. Das Erreichen dieser akustischen Vorgabe ist von großer Bedeutung, da im Frequenzbereich von 1 – 5 kHz das Gehör des Menschen sehr empfindlich ist (Abb. 7).

Der Fahrzeuginsasse wird demzufolge auch geringste »Störungen« in diesem Frequenzbereich, wie z. B. Windgeräusche, als äußerst unangenehm empfinden. Weiterhin wird, da die menschliche Kommunikation wesentlich in dem hier angesprochenen Frequenzbereich erfolgt, die Verständigung im Fahrzeuginnenraum deutlich durch solche »Störungen« herabgesetzt. Dies verdeutlicht, daß die Definition von akustischen Zielwerten sehr sorgfältiger Überlegungen bedarf und keine triviale Angelegenheit ist. Als noch aufwendiger erweist sich jedoch im Laufe der Fahrzeugentwicklung die Realisierung von konstruktiven Maßnahmen am Fahrzeug, welche die akustischen Zielvorgaben erreichen sollen.

Einige typische Beispiele sollen zeigen, wie hoch der entwicklungstechnische und konstruktive Aufwand sein kann, um ein für den Kunden in allen Belangen akustisch komfortables Fahrzeug herzustellen.

Raymond Freymann

Das Auto – Klang statt Lärm

Akustische Optimierung von Fahrzeugkomponenten

Zum besseren Verständnis wird hier, vor dem Problem der akustischen Optimierung von Details einzelner Fahrzeugkomponenten (Bauteile), auf die Entstehung von Geräuschen im Fahrzeuginnenraum eingegangen. Wie in Abbildung 8 dargestellt, besteht das Fahrzeug aus zwei Hauptkomponenten, dem Antriebsstrang und der Karosserie. Es bedarf keiner Erklärung, daß im Antriebsstrangsystem, aufgrund der schwingungsmäßigen Anregung durch das Antriebsaggregat sowie durch die Einleitung von Vibrationen über das Fahrwerk, relativ hohe Schwingungspegel induziert werden. Beim Verbinden der elastischen Karosserie mit dem Antriebsstrang werden diese Körperschall-Schwingungen in das Karosseriesystem übertragen. Als Folge davon werden die Blechfelder des Fahrzeuginnenraums zu Schwingungen angeregt und strahlen wie Lautsprechermembranen eine Schalleistung in den Fahrgastraum ab. Falls sie zu hoch ist, wird sie von den Insassen als akustisch störend empfunden.

Um den Körperschall-Übertragungsweg vom Antriebsstrang auf die Karosserie akustisch zu verbessern, werden beide Systeme nicht direkt miteinander verbunden, sondern über Gummilager, sogenannte Elastomerelemente, aneinander gekoppelt. Durch diese Maßnahme wird eine hohe Körperschallisolierung erreicht. Für den Akustiker stellt sich nun die Frage, wie diese Elastomerlagerungen zu dimensionieren sind, d. h. unter anderem, welche Steifigkeitskennwerte erforderlich sind, damit ein für die Akustik des Fahrzeuginnenraums optimales Ergebnis erreicht wird. Bei den ca. 40 Lagerungselementen zwischen Antriebsstrang und Karosserie erscheint diese Aufgabe auf den ersten Blick als kaum lösbar. Neue rechnerische Methoden, die von den Akustikern bei BMW entwickelt wurden, ermöglichen eine systematische iterative Optimierung der Steifigkeiten dieser Lagerelemente (Abb. 9) und erzielen so minimale Schalleistungspegel im Fahrzeuginnenraum.

Raymond Freymann

Das Auto –
Klang statt Lärm

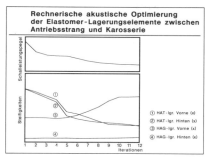

Abb. 9

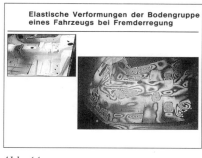

Abb. 10

Abb. 11

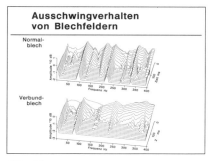

Abb. 12

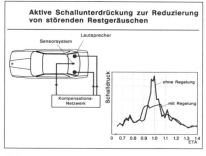

Abb. 13

Abb. 14

Abb. 15

Abb. 16

Dabei erweist es sich oftmals als vorteilhaft, wenn ein Lagerelement in verschiedenen Frequenzbereichen unterschiedliche Übertragungseigenschaften aufweist, so z. B. eine hohe Dämpfung im tieffrequenten, für die Fahrdynamik wichtigen Bereich, aber eine sehr niedrige Dämpfung im hochfrequenten, für die Akustik relevanten Bereich. Aus diesen Anforderungen an ein einzelnes Lagerelement können sich, wie in Abbildung 10 beispielhaft an einem Motorlager dargestellt, recht aufwendige Konstruktionen ergeben. Ohne in die Einzelheiten einzugehen, sei hier nur erwähnt, daß über das in Abbildung 10 nicht dargestellte Lagerelement im Hydraulikmedium eine Entkopplung zwischen tief- und hochfrequenten Schwingungen erzielt werden kann.

Eine weitere Maßnahme zur »akustischen Beruhigung« besteht in der Reduzierung der Amplituden von signifikant schwingenden Blechfeldern im Fahrzeuginnenraum. Auskunft über die Lage von akustisch schwingenden Blechfeldern, d. h. Blechfeldern mit einer hohen Schallabstrahlung, liefert der Holografie-Versuch (Abb. 11).

Zur Reduzierung der Schwingungspegel von Blechflächen in störenden Frequenzbereichen gibt es eine ganze Reihe von Möglichkeiten, so u. a. das Einprägen von Sickenbildern in die Blechstruktur oder das Bedämpfen der Blechfeldschwingungen im Bereich des Fahrzeugbodens durch eine gezielte akustische Optimierung des mehrlagigen Teppichaufbaus (Abb. 12). Weitere akustische Verbesserungen sind durch den Einsatz von sogenannten Verbundblechen erzielbar, die insbesondere im hochfrequenten Bereich ein gegenüber dem Normalblech deutlich verbessertes Dämpfungsverhalten aufweisen (Abb. 13).

Diese Maßnahmen zur Schallreduzierung stellen nur einen Bruchteil der zum Stand der Technik zählenden Möglichkeiten dar, über die der Akustiker zur Geräuschminderung und Klangfarbenveränderung verfügt. Aber auch in diesem Bereich gibt es eine Vielzahl von Neuentwicklungen, von denen einige zumindest Möglichkeiten zur nahezu beliebigen Herabsetzung des Geräuschniveaus sowie der Erzeugung von Klangbildern »nach Wahl« erkennen lassen.

Zu dieser Kategorie gehören Systeme zur aktiven Schallunterdrückung sowie zur aktiven Geräuscherzeugung. In Abbildung 14 ist beispielhaft die Funktions- und Wirkungsweise eines aktiven Schallunterdrückungssystems dargestellt. Dabei wird von einem im Fahrzeuginnenraum installierten akustischen Sensorsystem der zeitliche Schalldruckverlauf gemessen, das wahrgenommene Zeitsignal in einem elektronischen Kompensationsnetzwerk analysiert und weiterverarbeitet und dann dem im Fahrzeug eingebauten Lautsprechersystem als Stellgröße zugeführt.

Durch das Aktivieren der Lautsprecher werden Schalldrucke erzeugt, die, in Überlagerung mit der im passiven Fahrzeug auftretenden Schalldruckverteilung, zu einer Minimierung des gesamten Schalldruckfeldes im Fahrzeuginnenraum führen. Diese neuen Techniken verdeutlichen, mit welcher Akribie sich die Fahrzeug-Akustiker der Beseitigung von störenden und damit komfortmindernden »Restgeräuschen« zuwenden.

Außengeräusch-Situation

Auch zur Reduzierung des Außengeräusches eines Fahrzeuges ist ein hoher Entwicklungsaufwand erforderlich. Hier gilt es besonders, die vom Gesetzgeber vorgeschriebenen Außengeräuschgrenzwerte für Straßenfahrzeuge einzuhalten. Infolge der im Laufe der Zeit stetig herabgesetzten Grenzwerte müssen heute eine Fülle von konstruktiven Maßnahmen am Fahrzeug zum Erreichen von akzeptablen Geräuschniveaus realisiert werden. Folgendes Beispiel soll die während der letzten Jahre auf diesem Fachgebiet erzielten Ingenieurleistungen verdeutlichen:
Heutzutage entspricht das Außengeräusch von *fünf* Fahr-

Das Auto – Klang statt Lärm

zeugen dem eines einzigen Fahrzeugs im Jahre 1980 (nach EG-Richtlinie).

Der Versuchszyklus für die Außengeräuschtypprüfung wird auf der Grundlage der in der ISO-Norm R 362 Prüfvorschrift zur Bestimmung des Außengeräuschpegels durchgeführt. Der Versuchsablauf ist wie folgt:

- das Fahrzeug nähert sich rollend mit einer Geschwindigkeit von 50 km/h dem Einfahrbereich der Geräuschmeßstrecke (Punkt A in Abb. 15),
- beim Erreichen des Punktes A bringt der Fahrer das Gaspedal in die Stellung »Vollgas«, wodurch das Fahrzeug stark beschleunigt wird,
- unter Vollast fährt das Fahrzeug eine Strecke von 20 m plus einer Wagenlänge ab.

Entsprechend dem Prüfmodus werden über ein Mikrofon, das in 7,5 m Abstand von der Fahrbahnmittellinie und in einer Höhe von 1 m über Grund angeordnet ist (Abb. 15), laufend die vom Fahrzeug emittierten Geräuschpegel gemessen.

Die Zulassung des Fahrzeugs wird von dem Typprüf-Beamten nur dann genehmigt, wenn während der gesamten Zeitdauer der Vorbeifahrt der am Meßmikrofon registrierte Schalldruckpegel den vom Gesetzgeber vorgegebenen Maximalpegel nicht überschreitet.

Aufgrund der in der Prüfvorschrift festgelegten »Vollast-Bedingung« werden leistungsstarke Fahrzeuge bei der Außengeräuschprüfung stark benachteiligt. Grund dafür ist, daß bei diesen Fahrzeugen mit hohem Drehmoment der Reifen unter Vollast elastisch stark verformt wird und dadurch eine hohe Schallabstrahlung erzeugt. Daraus ergibt sich, daß bei leistungsstärkeren Fahrzeugen ein Anteil von 50 – 75 % der Außengeräusch-Schalldruckpegel dem Geräusch der Reifen auf der Fahrbahn zuzuordnen ist (Abb. 16), ein Wert, der vom Fahrzeughersteller selbst nur geringfügig beeinflußt werden kann. Diese Situation verdeutlicht, welch enorme Anstrengungen von den Herstellern leistungsstärkerer Fahrzeuge bei der akustischen Optimierung der Komponenten Antriebsstrang und Schalldämpfer (SD) während der letzten Jahre unternommen wurden.

Die augenblickliche Außengeräuschsituation sowie die noch zu erwartenden weiteren Verschärfungen der Vorschriften für Außengeräusche durch den Gesetzgeber lassen erkennen, daß hier dem Akustiker nur noch ein geringer Spielraum für Sound-Engineering-Maßnahmen übrigbleibt; im Vordergrund der Entwicklung muß das Erzielen von geringen Außengeräuschpegeln – auf Basis der dB(A)-Skala – stehen.

Akustische Zielkonflikte – Eine große Herausforderung für den Fahrzeugakustiker

Ein Fahrzeug wird nicht nur nach akustischen Gesichtspunkten entwickelt. Vielmehr ist die Akustik im gesamten Entwicklungsprozeß, neben vielen anderen Fahrzeugeigenschaften, als ein Merkmal des Fahrzeugkomforts anzusehen. Würde die Auslegung des Fahrzeugs ausschließlich nach akustischen Aspekten erfolgen, so hätte das mit Sicherheit negative Auswirkungen auf andere Fahrzeugeigenschaften, wie z. B. Fahrdynamik und Schwingungskomfort sowie auf andere Zielvorgaben für Abmessungen, Gewicht und Kosten.

Die Akustik befindet sich demnach im ständigen Konflikt mit anderen Fahrzeugeigenschaften und Zielvorgaben (Abb. 17). Insbesondere bei der Auslegung von sportlich orientierten Fahrzeugen mit einer hohen spezifischen Motorleistung und einem eher straff abgestimmten Fahrwerk können die Konflikte zwischen Akustik, Fahrdynamik und Schwingungskomfort erheblich sein. Im Sinne einer optimalen Auslegung für das Gesamtfahrzeug gilt es in diesen Fällen immer wieder, einen möglichst optimalen Kompromiß zwischen den verschiedenen Eigenschaften zu finden.

Als eine wahre Herausforderung für den Akustiker stellt sich bei diesem Optimierungsprozeß immer wieder heraus, nicht allzu viele »faule Kompromisse« einzugehen, wie z. B. einen geringen Verlust an Fahrdynamik gegen eine geringe Erhöhung des Akustikkomforts einzutauschen. Ziel der Abstimmungsvorgehensweise muß vielmehr sein, durch weiter verbesserte »Maßnahmen« die Auslegung des gesamten Fahrzeugs sowohl mit hervorragenden Fahrdynamik- als auch mit guten akustischen Eigenschaften zu realisieren.

Zum Erreichen dieses Zieles ist u. a. eine ständige Weiterentwicklung der rechnerischen und versuchstechnischen Methodik auf dem Fachgebiet der Akustik erforderlich. Nur ein immer detaillierteres Verständnis der Gesamtzusammenhänge und der einzelnen Phänomene ermöglicht die zielorientierte akustische »Dimensionierung« eines neuen Fahrzeugs, ausgehend von der frühen Entwicklungsphase bis zum Serienanlauf.

Abb. 17

Abb. 18

Abb. 19

Abb. 20

Zur Lösung dieser Konflikte stehen den BMW-Akustikern eine Vielzahl von Prüfstandanlagen zur Verfügung. Als Beispiel dafür sei hier auf die im Forschungs- und Ingenieurzentrum neu installierten Akustikanlagen verwiesen, die (Abb. 18, 19) u. a. zwölf Schallmeßräume mit integrierten Rollenprüfständen umfassen, sowie auf den aeroakustischen Windkanal bei der BMW Technik GmbH (Abb. 20) zum Aufspüren und Beseitigen von Windgeräuschen.

Diese Versuchsanlagen sind eine Voraussetzung dafür, daß auch die aus den weiter zunehmenden akustischen Komfortansprüchen des Kunden resultierenden wesentlich verschärften Zielkonflikte zwischen der Akustik und anderen Fahrzeugeigenschaften in optimaler Weise gelöst werden können.

Erwin Staudt
Erträglicher Büroalltag

Neue Formen für neue Inhalte

Haben unsere Geräte einen Klang?
Selbstverständlich – wir nehmen ihn als akustisches Signal
zur Kenntnis oder freuen uns – im Idealfall – einfach an ihm.
Hat man ein Personal System, so hört man das vertraute
Geräusch eines Ventilators, der kühlt. Benutzt man eine Bildschirm, so hört man das aufmunternde *Piep*, wenn eine Nachricht kommt. Hat man noch einen althergebrachten Matrixdrucker, so braucht man eine aufwendige Lärmhaube, um
das sägende Geräusch des Druckens zu dämpfen. Benutzt
man ein Keyboard zur Dateneingabe, so vertraut man auf den
Klick beim Drücken der Taste, um das wohltuende Gefühl
zu haben, etwas vollbracht zu haben. Das alles untersuchen
die Akustiklabore von IBM.

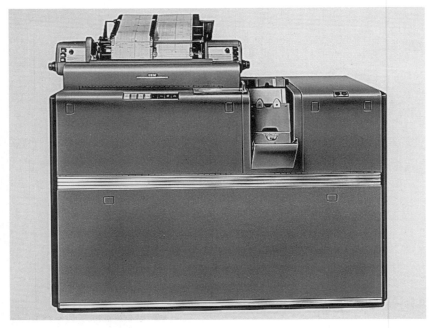

Tabelliermaschine 1950.

Erwin Staudt

Erträglicher Büroalltag

Was hat der Computer als Kommunikationsmittel, als Ausdrucksmöglichkeit ohne Sprache, als Multi-Media-System in unseren Büros verändert? Was wird er möglicherweise in Zukunft verändern?

Gehen wir zunächst ein ganzes Stück zurück in der Geschichte der non-verbalen Kommunikation. Wir werden feststellen, daß sie auch eine Geschichte des Klanges ist, und dabei nicht nur eine Geschichte der leisen Töne. Die Hieroglyphentexte der alten Ägypter wurden sicherlich noch recht lautstark in Stein geschlagen. Die Verwendung von Papyrus und Pergament sorgte danach nicht nur für einen besseren, sondern auch für einen ruhigeren Informationsaustausch. Schließlich kam die Revolution der Schreibfedern, und damit kehrte zunächst Ruhe in die Schreibstuben ein.

Bis in der zweiten Hälfte des vergangenen Jahrhunderts die mechanische Schreibmaschine ihren Einzug erst in amerikanische, dann auch in die Büros auf dem alten Kontinent hielt. Typenhebel wurden bewegt, kratzten auf Papier. Aber es wurde noch lauter: Mechanische Tabellier- und Dupliziermaschinen sorgten – gemessen an unseren heutigen Standards und Vorschriften – für einen »Höllenlärm« auf den Verwaltungsetagen der Unternehmen. Eine einzige Sortiermaschine brachte es auf 85 Dezibel, vergleichbar etwa einer Schlagbohrmaschine, ein Wert, bei dem heute die Berufsgenossenschaft bereits einen Gehörschutz am Arbeitsplatz verlangt. Diesen Nachteil nahm man damals allerdings gerne zugunsten einer außerordentlich erhöhten Produktion in Kauf. Die elektrische Schreibmaschine folgte: weniger laut, aber doch unüberhörbar.

Was dann kam, war zu leise. Wir dachten, die Sekretärin sehnt sich nach Ruhe, nach Konzentration. Unsere Thermoschreibmaschine IBM 650, die ihre Schriftzeichen auf das Papier brennt, sollte diesem Ziel nahe kommen und dabei kein Anschlaggeräusch erzeugen. Die Verwirrung bei den Kunden war so groß, daß wir ihr wieder Töne beibringen

Erwin Staudt

Erträglicher Büroalltag

mußten. Die Akustik – eine Aufgabe des Design – wurde hier unmittelbar Realität.

Ein typischer Büroarbeitsplatz der IBM, beispielsweise in unserer Hauptverwaltung in Stuttgart, ist in der Regel ausgestattet mit einem PS/2 plus Drucker. Das charakteristische Geräusch an solch einem Arbeitsplatz ist das leise Summen des Ventilators in der Steuereinheit, das klappernde »Klick« der Tastatur, das nachhaltige »Piep-Piep«, wenn eine Nachricht den Empfänger erreicht. Schließlich das Geräusch des Druckers, wenn – und das sollte so selten wie möglich sein – etwas ausgedruckt werden muß. Das alles ist nicht wirklich laut – trotzdem war und ist die Akustik der Geräte ein wichtiges Verkaufsargument – und ein Problem für die Tochter einer amerikanischen Mutter.

Ein Teil unserer Computer wird in Amerika entwickelt, wo die übliche Geräuschbelastung durch die Klimaanlagen in den Büros bei durchschnittlich 45 Dezibel liegt, etwa

Thermo-Schreibmaschine IBM 6750.

Erwin Staudt

Erträglicher Büroalltag

10 Dezibel höher als in Deutschland. Damit sind unsere Computer dort nicht mehr hörbar. Die Akustikspezialisten in unserem Böblinger Labor mußten deshalb in den vergangenen Jahren bei der Muttergesellschaft harte Überzeugungsarbeit leisten. Sie waren erfolgreich.

Nun war nicht einfach irgendein Knopf leiser zu drehen. Neue Materialien mußten geprüft werden und teilweise brachte erst das veränderte Design ein paar Dezibel mehr Ruhe. Heute liegt der Geräuschpegel der neuesen IBM-Tastaturen um zehn Dezibel niedriger als bei älteren Modellen. Der Schritt von 56 zu 46 Dezibel scheint ein kleiner Schritt, ist aber ein großer Sprung für den europäischen Büroalltag.

Max Neuhaus
Klanggestaltung von Signalen und Sirenen

Akustik im Dienst der Sicherheit

Wir denken nicht oft über die Bedeutung von Klang nach, wenn es darum geht, wie wir uns in unserem Alltag fühlen. Die Macht des Klanges ist jedoch ganz einfach zu veranschaulichen. Die meisten Menschen können in einem Raum bleiben und sich sogar wohl fühlen, wenn er in einer Farbe gestrichen ist, die sie nicht mögen – aber wenige von uns wollen an einem Ort mit einem Klang bleiben, der uns stört.

Zur Zeit beginnt man auf dem Gebiet der Architektur und der Stadtplanung umzudenken und die Möglichkeiten der Gestaltung mit Klang anzudenken. Der Schallpegel ist bei der Konstruktion einiger Maschinen, mit denen wir leben, zu einem Kriterium geworden. Alte Konzepte, den Klang von öffentlichen Springbrunnen zu benutzen, um Verkehrsgeräusche zu überdecken, sind wieder en vogue. Der Gedanke, daß in Wohnhäusern Lärmisolierung notwendig ist – akustische Ungestörtheit – wird auch immer mehr zu einem Thema.

Dennoch sind viele unserer Ideen zur idealen Klangumgebung noch naiv und gehen in die falsche Richtung. Öffentliche Räume mit Musik zu dekorieren, funktioniert nicht. Der Musikgeschmack ist etwas äußerst Persönliches – die Musik des einen ist für einen anderen immer MUZAK[1]. Stille ist nicht nur nicht praktikabel, sie ist auch nicht die Antwort. Der völlige Entzug von Klang ist nicht weniger traumatisch als der völlige Entzug von Licht – was wir hören, ist gleichermaßen sinnliche Nahrung wie das, was wir sehen. Die Tonspur eines Films ist ein gutes Beispiel für die Wirkung, die Klang auf unsere Gefühle und unser Handeln haben kann. Durch zwei verschiedene Tonspuren zur gleichen visuellen Szene lassen sich leicht entgegengesetzte Szenarios schaffen und gegensätzliche Emotionen hervorrufen.

Max Neuhaus

Klanggestaltung von Signalen und Sirenen

Klang ist für unsere Orientierung ein ebenso wichtiger Aspekt wie das Sehen. Wir erspüren die Größe und Art eines Raumes mit unseren Ohren genauso wie mit unseren Augen. Unser Sinn für Position und Bewegung kommt von einer Kombination von Hör- und Sehimpulsen. Hören und Sehen sind zwei verschiedene Wahrnehmungsuniversa mit verschiedenen Dimensionen – sie sind gegensätzliche Wahrnehmungssysteme, die sich ergänzen.

Wir können natürlich die Attribute von Klang als Materialien für die Gestaltung unserer Umgebung genauso benutzen wie Licht, Farbe und Form. Das ist wohl nur noch nicht geschehen, weil wir nicht die Mittel dazu hatten – obwohl der Mensch seit Jahrtausenden die Fähigkeit besitzt, visuelle Bilder zu schaffen, hat er sich erst in diesem Jahrhundert die Mittel angeeignet, Klang zu manipulieren. Erst seit etwa vierzig Jahren können wir Klangbilder-Aufnahmen machen. Jetzt, scheint es, treten wir in eine Klang-Renaissance ein. In den letzten zehn Jahren haben die Techniken zur Erzeugung und Gestaltung von Klang Quantensprünge vollzogen. Zum ersten Mal in der Geschichte kann man von einer echten Klangpalette sprechen. Mit Hilfe dieser neuen Mittel können wir uns vorstellen, eine Welt zu schaffen, in der Klang nicht nur ein Nebenprodukt ist, sondern in der Gestaltung unserer Umgebung Hör- und Sehkomponenten gleichermaßen berücksichtigt werden.

Sirenen

1978 entschloß ich mich zu dem Versuch, bessere Klangsignale für Rettungsfahrzeuge zu gestalten. Warum interessierte sich ein Künstler, wenn auch einer, der mit Klang arbeitet, für die Gestaltung neuer Klänge für Polizeiautos, Krankenwagen und Feuerwehrautos? Die Versuchung, abseits vom künstlerischen Alltag etwas Funktionelles zu machen, war sicher groß; vor allem aber forderte mich die Aufgabe heraus. Im Vergleich mit vielen Stadtproblemen mögen

Max Neuhaus

Klanggestaltung von Signalen und Sirenen

Sirenen relativ unbedeutend erscheinen, aber vielleicht auch wieder nicht.

Die Geschichte der Warngeräusche von Rettungsfahrzeugen hängt eng mit der Geschichte der Fähigkeit des Menschen, Klang zu bilden und zu gestalten, zusammen. Vor der Jahrhundertwende zogen in New York die Feuerwehrleute die Wagen mit Pumpen und Leitern selber, während einer von ihnen rufend und Trompete blasend durch das Gedränge vorausrannte. Irgendwann wurde dann die mechanische Sirene erfunden – der langsam ansteigende und abfallende Klang, den wir mit Fliegeralarm assoziieren. Sie wurde auf dem Wagen montiert und durch eine Handkurbel betätigt.

Als die Feuerwehrwagen motorisiert wurden, hatte jemand die Idee, am Ende des Auspuffrohres eine Pfeife anzubringen, die dann von den Abgasen geblasen wurde. Das machte einen so schrecklichen schrillen Ton, daß es schließlich verboten wurde. Mit der Einführung der Elektrizität wurde die mechanische Sirene motorisiert. Der Bedienungsmann ließ sie durch ein Pedal am Boden ertönen: wenn er es drückte, begann der Ton zu steigen; wenn er es losließ, fiel er wieder ab.

In den sechziger Jahren, als laute Töne auch elektronisch erzeugt werden konnten, kam unsere heutige moderne Sirene auf. Die Töne der mechanischen Sirene und andere Signale wurden elektronisch synthetisiert und von Lautsprechern auf dem Dach des Fahrzeugs wiedergegeben. Aus der Geschichte dieser Geräte wird klar, daß die Töne nie wirklich gestaltet wurden. Sie sollten jeweils einfach laut sein.

Die Einführung der elektronischen Sirene brachte jedoch einen grundlegenden Wandel: Zum ersten Mal waren die Klangmöglichkeiten unbegrenzt. Man konnte die unterschiedlichsten Klänge erzeugen, statt dessen wurden die existierenden Klänge einfach kopiert, und die Einschränkungen der alten Sirenen an die neue Generation weitergegeben.

Max Neuhaus

Klanggestaltung von Signalen und Sirenen

Eines der Probleme ist, daß man nicht sagen kann, woher ein Sirenenton kommt. Viele halten also einfach an und blockieren den Verkehr, bis sie merken, was zu tun ist, weil sie den Klang nicht orten können und durch sein Näherkommen nervös werden.

In New York ist das auffälligste Merkmal von Sirenen Schallhysterie. Polizei und Feuerwehrleute haben aus Frustration über Klänge, die nicht funktionieren, immer wieder noch lautere und unangenehmere Klänge gefordert. Sie sind am Sättigungspunkt angelangt. Und doch funktionieren die Sirenen nicht.

Sirenentöne in Europa und im Rest der Welt sind weniger hysterisch als in Amerika, haben in ihrer Banalität aber die gleichen grundlegenden Probleme. Es ist aber doch interessant festzustellen, daß selbst diese ruhigeren Töne vielleicht schon wieder im Verschwinden begriffen sind. Mit der Verbreitung von alten amerikanischen Polizeiserien im Fernsehen anderer Länder entsteht der Wunsch, daß jeder Polizist von Paris bis Bombay genauso sein soll wie der Super-Bulle Kojak. Der schrille Klang von Kojaks New Yorker Polizeiauto macht einen großen Teil seines Image aus. Erst kürzlich sah und hörte ich in Frankreich, Spanien und Italien einige Testfahrzeuge mit den amerikanischen Klängen. Wenn die New Yorker Sirenen weltweit verbreitet werden, werden sie zur Tonspur eines »Films«, aus dem keiner von uns einfach hinausgehen kann. Man muß die Leute nicht erschrecken, um ihre Aufmerksamkeit zu wecken. Es ist durchaus möglich, Klangmuster zu gestalten, die schnell wahrgenommen und geortet werden, ohne daß diese Töne hysterisch oder banal sein müssen.

Anfang der achtziger Jahre wandte ich mich, mit diesen Ideen gerüstet, an die zuständigen Behörden. Über das Bürgermeisteramt organisierte ich ein Treffen mit den Leitern der betroffenen Behörden von New York City und war überrascht, auf eine Mauer zu stoßen. Wie die meisten Leute waren die Leiter dieser Ämter überzeugt, diese Klänge seien unver-

Max Neuhaus

Klanggestaltung von Signalen und Sirenen

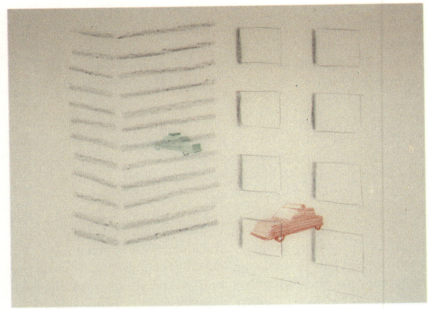

Ungeachtet der Fahrzeuggeschwindigkeit tritt der unterbrochene Ton in optimalen Abständen auf.

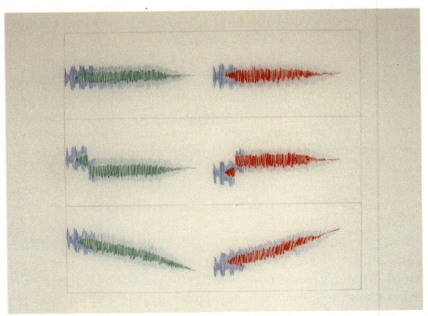

Muster von vorderen und hinteren Geräusch-Tonhöhen, Amplitude und Klangfärbung im Zeitablauf.

Max Neuhaus

Klanggestaltung von Signalen und Sirenen

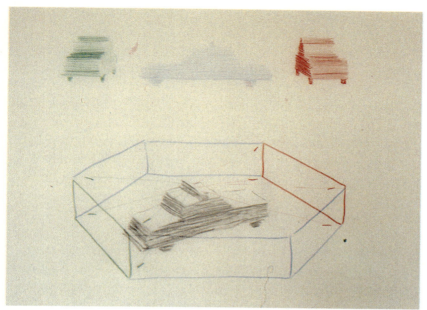

Kontrollierte Verteilung der Klangführung und die daraus resultierenden akustischen Bilder des Autos.

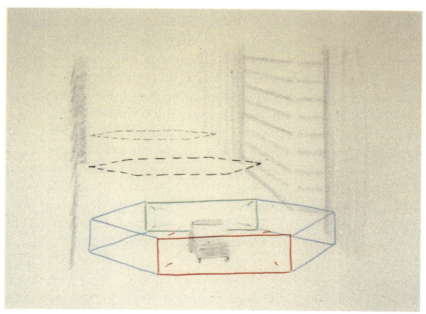

Akustische Bilder versteckter Autos

Max Neuhaus

Klanggestaltung von Signalen und Sirenen

meidlich. Die erste Hürde war, sie dazu zu bekommen, sich vorzustellen, daß andere Töne einen Unterschied machen könnten. Die zweite war, die Vorstellung zu vermitteln, daß wirksamere Klänge gestaltet werden könnten.

Die Polizei kam nicht einmal zu dem Treffen. Statt dessen lud sie mich ins Polizeihauptquartier. Ein kurzes Gespräch über meine alten unbezahlten Parkstrafzettel sollte mich in die richtige Verfassung bringen. Dann begann ein eingehendes Verhör – Künstler sollten nicht mit der Polizei von New York herumspielen. Ich war froh, am Morgen die Argumente bereits geprobt zu haben.

Es wurde ein fairer Kampf: Ihre New Yorker Polizistenerfahrung hatte ihnen künstlerische Besessenheit bisher erspart. Nach drei Stunden ging ich wieder mit zwei Polizeiautos und ihrer Zusage, jede mögliche Hilfe für das Projekt zu geben. Sie hatten eingesehen, daß es ihr Arbeitsleben sehr erleichtern könnte.

Aber ich erkannte damals, daß es nicht einfach sein würde. Die neuen Klänge konnten nicht auf Papier konstruiert werden. Ich war entschlossen, mit ganzheitlichem Ansatz, in einer Situation so nahe wie möglich an der Realität zu arbeiten: im Freien mit flexiblen Klangsynthesewerkzeugen, die von fahrenden Autos aus Klänge mit realistischem Pegel erzeugten. Diese technische und logistische Komplexität entsprach einer Filmproduktion und würde acht Wochen Arbeit im Freien in Anspruch nehmen. Es war klar, daß ich Geld auftreiben müßte. Künstler zu sein, war keine große Hilfe – die Wissenschaft zeigte kein Interesse. Meine eigenen Kreise, Kunstmäzene, fühlten sich nicht angesprochen. So viel zur Gemeinschaft von Kunst und Wissenschaft.

In einem Versuch, den Mangel an Phantasie zu durchbrechen, beschloß ich 1981, ohne ausreichende Mittel weiterzumachen. Ich war sicher, irgend jemand würde darauf anspringen. Mit Hilfe der von der Polizei ausgeliehenen Autos konnte ich

Max Neuhaus

Klanggestaltung von Signalen und Sirenen

auf einem aufgelassenen Flugplatz in Brooklyn ein paar Experimente organisieren. Ein Video von meiner Arbeit sollte zumindest den Umfang dessen zeigen, was zu tun ist. Niemand meldete sich, und ich hatte meine gemeinnützige Organisation bankrott gewirtschaftet. Manche schienen sogar überrascht, daß ich die neuen Klänge nicht fertiggemacht hatte.

1988 wurde ich eingeladen, bei der Internationalen Design-Konferenz in Aspen, Colorado, über meine Arbeit als Künstler zu sprechen. Stattdessen nahm ich die Gelegenheit wahr, wieder einmal das Sirenenthema anzusprechen. Dieses internationale Gremium, dem es um Architektur, Design und Stadtplanung ging, konzentrierte sich ausschließlich auf das Visuelle. Es schien mir ein durchaus lohnender Dienst an der Öffentlichkeit, die andere Hälfte des Lebens herauszustellen. Ich hatte damals erkannt, daß ich mit Argumenten der Weltverbesserung nichts erreichen würde. Ich erzählte also die Geschichte, entwickelte ein paar Marketing-Argumente und ließ schließlich die Klangillusion eines Feuerwehrautos mit voll eingeschalteter Sirene durch das Publikum dröhnen. Es funktionierte, ich fand einen Förderer. Zehn Jahre nach Beginn des Projekts hatte ich die Rahmenbedingungen, um es endlich auszuführen.

Ich wählte ein Gelände in der Nähe der Salton Sea in der Wüste von Kalifornien, wo ich zwei Monate arbeiten würde. Die gepflasterten Straßen dort waren weitgehend unbenutzt, so daß die Klangautos mit mäßiger Geschwindigkeit fahren konnten. Außerdem war es etwa 30 Kilometer von der nächsten Behausung entfernt. Zwar hoffte ich, eine Reihe von Klängen zu schaffen, mit denen man gut leben konnte, aber der Herstellungsprozeß würde für jemanden in der Nähe nicht angenehm sein. Der Unterschied zwischen einem Konzertbesuch und einem Pianisten, der über einem wohnt und den ganzen Tag übt, ist groß.

In der Woche, in der ich meine Arbeit aufnahm, kam es im nahegelegenen Los Angeles zu einem tragischen Unfall.

Max Neuhaus

Klanggestaltung von Signalen und Sirenen

Zwei Polizeiautos, die zum gleichen Einsatz unterwegs waren, kamen aus entgegengesetzter Richtung um eine unübersichtliche Ecke und stießen zusammen, wobei sieben Menschen ums Leben kamen. Warum konnten sie einander nicht hören, wenn sie sich schon nicht sehen konnten? In einem Polizeiauto mit laufender Sirene kann man *nur* noch die eigene Sirene hören; alle anderen Töne werden davon überdeckt.

Städter sagen, sie könnten die Richtung einer Sirene erst angeben, wenn sie das Fahrzeug sehen. Wir werden mit einer sehr feinen Fähigkeit, die Klangquelle mit unseren Ohren zu orten, geboren. In den Zeiten, in denen wir in den Wäldern lebten, ging es um Leben oder Tod, wenn das Ohr die Richtung, aus der eine Gefahr kam, ortete. Warum haben wir dann Schwierigkeiten, in der Stadt diese lauten gefährlichen Klänge zu finden? Die Antwort liegt in der Art dieser Klänge – in der Natur hat es nie etwas Ähnliches gegeben!

Unsere geistigen Prozesse zur Ortung eines Klanges hängen von einem ziemlich genauen (wenn auch automatischen) Vergleich der Unterschiede beim Auftreffen des Klanges zwischen den beiden Ohren ab. Dieser Mechanismus funktioniert für den Klang von brechenden Ästen bestens, ist aber bei Dauerklängen oder solchen ohne klaren Anfang recht nutzlos.

Ich fragte mich, ob die Klänge ununterbrochen sein müssen? Einzelne Klänge mit Augenblicken der Stille dazwischen würden nicht nur die Möglichkeit bieten, daß die Fahrer von Rettungsfahrzeugen sich gegenseitig hören könnten, sondern die vielen Anfänge einzelner Klänge würden auch dem natürlichen Klangortungssystem des menschlichen Ohres entgegenkommen.

Ich fragte mich weiter, was an herkömmlichen Sirenen außer dem Dauerklang falsch sei. Ein kurzer Blick auf die benutzten Lautsprechersysteme zeigte, daß sie in erster Linie für das

Max Neuhaus

Klanggestaltung von Signalen und Sirenen

Auge und nicht für die Akustik konstruiert waren. Einer der verbreitetsten Lautsprecher war wie der Luftfänger eines Kampfflugzeugs gestaltet, wohl damit der Polizist das Gefühl hatte, ein Jagdflieger zu sein. Zur Ausrichtung von Klang war er aber ziemlich nutzlos. Die Sirenen mit gerichteten Hupen gaben mit falsch orientierter Richtungsachse den Klang nach oben – statt nach vorne – ab. Sie hätten genauso leicht in die andere Richtung montiert sein können, aber das sah natürlich nicht ganz so schön aus.

Ein Klang reflektierendes Umfeld wie die moderne Stadt ist ein akustischer Spiegelsaal – je mehr Klang hineingegeben wird, desto größer wird die Verwirrung. Klang läßt sich ebenso wie Licht fokussieren. Indem man den Klang einfach vor das Fahrzeug fokussiert, könnte man viele verwirrende Reflexionen ausschließen. Wer in seinem Wohnzimmer im zehnten Stockwerk eines Wohnhauses sitzt, muß und will diesen Klang nicht hören, und braucht ihn also um so weniger auf sich gerichtet. Die Klangprojektion mußte also sowohl vertikal als auch horizontal gesteuert werden, damit der Klang da hinkam, wo er gebraucht wurde, und damit verwirrende äußere Reflexionen verringert würden.

Eine meiner Ideen bei Beginn des Projekts war, in die Klänge Informationen einzubauen: nicht Signale, die die Leute erst lernen mußten, vielmehr sollten sie intuitiv durch die Art des Klanges die Situation erkennen können.

Die Bedeutung einer Rettungswagensirene für Fußgänger und Autofahrer ist verschieden. Man muß verschieden reagieren, je nach dem, ob man sich neben oder vor dem Fahrzeug befindet. Warum sollte man nicht versuchen, die Situation durch Klang klarzustellen?

Der Lautsprecher mit gerichteter Hupe besaß bereits ein Merkmal, das ich nutzen konnte – je höher der Ton, desto klarer die Richtung der Hupe. Tiefe Töne werden in alle Richtungen projiziert, während hohe in einem Strahl fokussiert

Max Neuhaus

Klanggestaltung von Signalen und Sirenen

werden. Ich konnte also das Auto von der Seite, von vorne und von hinten verschieden klingen lassen – ich konnte ihm eine Hörgestalt verleihen. Da höhere Klänge im allgemeinen eindringlicher wirken als tiefe, konnte ich ein Klangbild für das Auto bauen, das die relative Gefahr für jeden seiner Vektoren zum Ausdruck brachte. Ich konnte das Auto von vorne aufdringlicher klingen lassen als daneben oder dahinter.

Metallische Klangfarben mit hellen Oberfrequenzen klangen von der Seite des Autos harmonisch. Drehte sich die Vorderseite des Autos mit den oberen Frequenzen auf einen hin, wurde der Klang unangenehmer: das Auto klang also auch gefährlicher.

Ein Grundprinzip unserer Psychologie scheint zu sein, den Status quo zu ignorieren und auf Änderungen zu reagieren. Jeder Fahrer eines Rettungsfahrzeugs erzählte mir davon, daß er auf ein anderes Klangmuster schaltet, bevor er in eine gefährliche Kreuzung einfährt, um wieder die Aufmerksamkeit zu wecken. Es scheint nicht wichtig, welches Klangmuster benutzt wird – die Änderung macht die Leute aufmerksam.

Wir entschieden uns für einzelne Klänge mit Pausen und fragten uns, wieviel Zeit zwischen den einzelnen Klängen verstreichen sollte. Der wesentliche Faktor aber ist nicht die Zeit, sondern der Abstand. Schall klingt mit zunehmendem Abstand recht schnell ab. Man mußte also das Intervall direkt mit dem Abstand in Verbindung bringen. Automatisch würden dann, je schneller das Auto fährt, die Pausen zwischen den Klängen kleiner, und ein schneller fahrendes Auto würde eiliger klingen.

Es gab aber immer noch einige Probleme, auch wenn die Unterbrechung des Klanges durch Pausen und die Fokussierung seiner Projektion ihn leichter ortbar machten. In dichten Städten mit vielen hohen Gebäuden wird die akustische

Max Neuhaus

Klanggestaltung von Signalen und Sirenen

Situation äußerst komplex: Glas ist ein so guter Schallreflektor, daß man leicht durch falsche Klangbilder irregeführt wird.

In der Wüste von Kalifornien ging die Straße in einer Doppel-S-Kurve durch einen Canyon mit steilen Wänden. Die Akustik war jener in den Canyons von Manhattan erstaunlich ähnlich: Der Canyon erzeugte zudem ein paar der verwirrendsten Schallreflexionen, die mir je begegneten. Gelänge mir also ein Klangmuster, das mit dem Ohr durch diesen Canyon zu verfolgen war, müßte es eigentlich überall funktionieren.

Ich stellte mich in der Mitte des Doppel-S auf, und mein Assistent fuhr das Klänge projizierende Auto von einem Ende des Canyon zum anderen hin und her. Bei jedem Vorbeifahren änderte ich die Klänge und hörte zu. Nach einigen Wochen hatte ich Klangmuster entwickelt, die leicht zu verfolgen waren – man konnte deutlich hören, wo das Auto sich im Canyon befand. Es war aber schwer, zu sagen, ob es näher kam oder sich entfernte – beide Bewegungsrichtungen klangen gleich. Eine sehr wichtige Information fehlte also noch. Ich hatte nun die vordere Hälfte des Hörbildes des Autos gemacht. Ich montierte noch eine nach hinten gerichtete Hupe und baute kontrastierende Klangmuster dafür.

Ich ließ meinen Assistenten ganz ans Ende des Canyon und dann im Kreis herum fahren. Es war ein wunderschöner Augenblick: Ich konnte mühelos über mehr als eineinhalb Kilometer durch das akustische Labyrinth hören, wie sich das Auto drehte. Um zwischen verschiedenen Klängen hin- und herschalten zu können, waren eine Reihe verschiedener Muster notwendig. Der Fahrer brauchte verschiedene Dringlichkeitsstufen – ein akustisches Gas- und Bremspedal sozusagen.

Die Entwicklung spezifischer Schlüsselklänge begann ich mit einem einzelnen Klang für einen bestimmten Streckenabstand – von vorne hoch, von hinten tief. Er klang mit einem

Max Neuhaus

Klanggestaltung von Signalen und Sirenen

bestimmten Ton an und wurde im Nachhall in der Klangfarbe immer komplexer. Die hellen Oberfrequenzen wurden nur direkt vor das Auto projiziert und stellten die bereits erwähnte Hörgefahrenzone dar.

Das nächste Muster bestand aus zwei Klängen verschiedener Tonhöhe in schneller Folge – wobei der vordere Lautsprecher tief/hoch und der hintere hoch/tief klang. Für das dringendste Muster entwickelte ich einen dramatischen Frequenzübergang, wobei das vordere und hintere Muster wiederum entgegengesetzt waren – der vordere Lautsprecher schwang nach oben, der hintere nach unten.

Nun wollte ich endlich die Klänge in einer richtigen Stadt ausprobieren. Unter dem Vorwand, einen Film zu drehen – das Testen von sicheren Sirenenklängen war verboten, aber sagt man, man drehe einen Film, darf man auch einen Mord begehen – kaperte ich für einige Abende einen Teil des Stadtzentrums von Oakland, Kalifornien. Wir heuerten nicht diensthabendes örtliches Polizei- und Feuerwehrpersonal als Fahrer an; als die Polizisten merkten, daß wir mehr machten als nur einen Film zu drehen, konnten sie nicht mehr viel ändern – ihre Freunde fuhren die Autos.

Vor allem nahmen wir echte Rettungsfahrzeugfahrer, um ihre Reaktionen zu erfahren und mit ihnen über die neuen Klänge zu sprechen. Sie waren beeindruckt, daß sie auch die Sirenen der anderen hören konnten, wiesen aber auch noch auf einige neue Punkte hin. Wenn sie mit laufender Sirene zu einem Einsatz fahren, erhalten sie oft noch über Funk Anweisungen. Mit diesen neuen Mustern konnten sie zum ersten Mal ihre Funkgeräte deutlich hören. Außerdem sei ihre eigene Anspannung bei den neuen Klängen geringer. Die funktionellen Aspekte dieser Klänge sind von größter Wichtigkeit, wie aber sollte eine Sirene klingen, wie steht es um ihre Ästhetik?

In primitiven Gesellschaften kam Autorität dem zu, der ein bedrohliches Gewand trug: dem wie ein Monster angezogenen Medizinmann. Visuell haben sich unsere Vorstellungen von der Bedeutung von Autorität weiterentwickelt. Polizisten ziehen wir nicht wie Ungeheuer an. Warum meinen wir dann aber, daß Sirenen so klingen müssen? Was die Akustik angeht, befinden wir uns immer noch in der Steinzeit. Allgemein gilt, daß ein Polizeiauto nur dann Autorität besitzt, wenn es bedrohlich klingt. Sähe es aber so häßlich aus, wie es klingt, würden wir alle darüber lachen.

Die akustische Bedrohlichkeit, die von einer herkömmlichen Sirene ausgeht, wenn sie sich durch eine Stadt bewegt, bleibt für die vielen nicht unmittelbar damit Konfrontierten im Wesentlichen im Unterbewußtsein. Ihre Auswirkung auf diejenigen, die eigentlich nichts damit zu tun haben – wie sie sich dabei empfinden, oder was sie dadurch anders machen – ist nicht meßbar. Aber was es auch sein mag, es ist unnötig. Man kann laute Klänge machen, die nicht drohen und dennoch die Straße frei machen.

Die Klänge, die ich in Oakland testete, sind eigentlich akustische Skizzen des möglichen Endergebnisses. Mit den funktionellen Aspekten wollte ich gleichzeitig auch den anderen Teil der Idee testen. Im großen und ganzen sind sie vertraut, nicht fremd. Sie klingen wie Glocken und sind weder hysterisch noch banal. Sie sind sogar etwas schöner als nötig. Einer ist sogar richtig hübsch. Ich wollte ganz sichergehen, daß keine Drohung notwendig ist, damit Leute den Weg freimachen – um klar zu zeigen, daß ein Klang Autorität besitzen kann, ohne autoritär zu sein. Ich freue mich, berichten zu können, daß dies tatsächlich möglich ist. Obwohl keiner dieser Klänge vorher je zu hören war, und der Test nicht öffentlich angekündigt war, fuhren alle Fahrer, auf die wir trafen, ohne zu zögern, an die Seite.

Die nächste Frage war natürlich, wie diese neuen Ideen zu verwirklichen sind; schließlich handelt es sich um etwas, was Leben rettet und die Lebensbedingungen in den Städten verbessert. Das Patentamt hat die gleichen Vorstellungen von

Max Neuhaus

Klanggestaltung von Signalen und Sirenen

Max Neuhaus

Klanggestaltung von Signalen und Sirenen

Klang wie jedermann. Ein Patent ist definitionsgemäß ein neues Verfahren, etwas herzustellen. Meine Behauptung, daß diese Klangmuster ein neues Verfahren darstellten, Rettungsfahrzeuge durch den Stadtverkehr zu bewegen, stiftete dort anscheinend Verwirrung. Noch nie hatte jemand einen Klang patentiert. Aber wieder einmal zahlte sich meine Beharrlichkeit aus. Zwei Jahre, nachdem ich die Entwicklung der Klänge beendet hatte, am 30. April 1991, erteilte das US-Patentamt das Patent mit der Nummer 5,012,221 mit sechsundvierzig Ausführungsbeispielen, wie Klang zu benutzen sei, um ein Rettungsfahrzeug durch den Verkehr zu bewegen.

Man möchte meinen, der nächste Schritt müßte der einfachste sein. Welcher Sirenenhersteller würde nicht die Chance ergreifen, ein neues Produkt herzustellen, das die Industrie revolutionieren würde? Die Prognose sieht jedoch nicht gut aus. Vorgespräche mit Herstellern deuten darauf hin, daß sie eigentlich kein Interesse daran haben, den Status quo zu stören. Sie sind ganz zufrieden damit, sich jedes Jahr ein paar neue Mätzchen einfallen zu lassen, die sie dann bei der Konferenz der Polizeichefs vorbringen ... wie Lautsprecher, die wie Luftfänger von Jagdfliegern aussehen, oder raumfüllende neue Dauerklänge.

Das Vorbeifahren einer Sirene stellt das verbreiteste akustische Erlebnis im täglichen Leben dar. In dichten Zentren kommt es über hundert Mal täglich vor. In Städten wie New York ist es ständig präsent. Ein besserer Klang der Sirenen könnte nicht nur Leben retten, sondern wesentlich dazu beitragen, daß das Stadtleben in Zukunft erträglicher und lebenswerter wird.[2]

1   MUZAK: Oberbegriff für die Hintergrundmusik in Aufzügen, Bürovorräumen und Flughäfen in den USA
2   Es gibt viele, die mir zu verschiedenen Zeiten in den zehn Jahren der Durchführung des Projekts geholfen haben. Ich möchte nur diejenigen aufzählen, deren Bemühungen von wesentlicher Bedeutung waren. Ohne Fredrick Rheinagel, Judith Bruk, Detective Owen Greenspan, William Jersey, Dominique de Menil, Silas Mountsier, Jay Chiat und Sidney J. Frigand wäre ich nicht so weit gekommen.

Herbert H. Schultes
Das Telefon – die Grenzen des Design

Jeder von uns ist täglich ein akustisches Opfer des Telefons. Es klingelt von morgens früh bis abends spät und manchmal auch nachts. Mitten in der Beschäftigung mit anderen Dingen werden wir aufgeschreckt und aufgestört durch sein lautes, penetrantes Geräusch oder durch sein »nadelspitzes, feines Läuten«, wie Lawrence Durrell es einmal genannt hat.

Murray Schafer hat sicher recht, wenn er sagt, daß das Telefon das Denken beeinträchtigt, weil in jedem Augenblick irgendeine Stimme aus Kalifornien, London oder Wien anrufen kann und einem mit schrillem Klang einen mühselig entwickelten Gedankengang absägt, abwürgt, vernichtet. Und es ist, wie er weiter sagt, sicher kein Musiker gewesen, der die Telefonklingel erfunden hat. Ob so ein dreistes, rücksichtslos jederzeit in die Privat- und Intimsphäre eindringendes Gerät wie ein Telefon auch noch einen so unangenehmen Klang haben muß, frage ich mich jedesmal, wenn ich es höre.

Aber mit dem Telefonklingeln ist es ja noch lange nicht getan. Was erleben wir, wenn wir den Hörer ans Ohr halten? Manchmal scheppert es so grell aus der Hörmuschel, daß es den Nachbarn im Trommelfell juckt, um Ernst Hürlimanns U-Bahn-Cartoon zu zitieren. Manchmal ist die Stimme des Anrufers so weit entfernt, daß man den Hörer ganz fest ans Ohr pressen und die Menschen, die einen umgeben, um Ruhe bitten muß, um überhaupt noch etwas zu verstehen. Das liegt aber nicht an der Designqualität des Telefons, sondern an den Umgebungsgeräuschen. Was spielen sie für eine Rolle?

Die absolute Stille der Sahara

Was Stille bedeutet, wurde mir zum erstenmal an einem Spätnachmittag in der Sahara bewußt. Durch das Fehlen von

Herbert H. Schultes

Das Telefon – die Grenzen des Design

Gegenständen, Pflanzen, Bäumen usw. kann so gut wie nichts zum Schwingen gebracht werden. Dadurch ergibt sich eine Stille, die man sich nicht vorstellen kann, wenn man sie nicht erlebt hat. Und eine solche Erfahrung läßt uns begreifen, von welchen Geräuschen wir ständig umgeben sind. Wenn dieses Umgebungs-Grundgeräusch ganz leicht anschwillt, realisieren wir das kaum. Dieses Phänomen ist der Grund dafür, daß wir beim Telefonieren manchmal die Stimme am anderen Ende der Leitung nicht oder nur schlecht hören können. Wir glauben dann meistens, das läge am Telefonapparat, ohne zu wissen, daß die Zunahme des Umgebungsgeräusches am anderen Ende der Leitung der Grund dafür sein kann.

Geräusche und Hören

Eine andere Zumutung für jedes halbwegs sensitive Gehör ist das sogenannte Lauthören, das Geräusch, das aus dem Gehäuse kommt, wenn man die Lautsprechertaste betätigt. Auch hier scheppert und schrillt es so, daß man den Lautsprecher möglichst schnell wieder abstellt.

Eine besondere Art des Telefonärgers, die ich nur als akustische Nötigung bezeichnen kann, ist die Unart vieler Unternehmen, den Anrufer bei belegter Zentrale in eine Warteschleife zu verlegen, in der er dauernd mit irgendwelcher Musik berieselt wird. Bei der einen Firma ist es die *Kleine Nachtmusik* oder der *Triumphmarsch* aus Aida nonstop, bei der anderen das virtuose Solostück *Die Lerche* oder, wie bei der Münchner Taxizentrale, fünfzehnmal hintereinander der *Bayerische Defiliermarsch*.

Eine andere akustische Beleidigung ist das Geräusch, das entsteht, wenn man nach Beendigung des Gespräches den Hörer wieder auflegt. Was waren das noch für Zeiten, als in Filmen der Kriminalkommissar, der Big Boss oder der wütende Ehemann den Hörer des alten schwarzen Telefons,

Herbert H. Schultes

**Das Telefon
– die Grenzen
des Design**

des FeApp 37, auf die Gabel knallte. Diese Geste saß und sagte mehr als tausend Worte: Der Ton machte die Musik. Macht man das mit den heutigen Telefonen, ist das dagegen eine recht matte Sache. Es klingt nach nichts, es scheppert nur plastikhaft-billig, wirkt eher lächerlich als markig-souverän. Schauspieler und Regisseure sind um eine dramaturgisch höchst wirksame Geste ärmer. »Wer hat mein Geräusch so zerstört?« mögen sie sich fragen. Ist es der Designer, der doch für die sinnliche Ausstrahlung der Produkte zuständig ist? Es gilt herauszufinden, was das Design zur Lösung dieser akustischen Probleme beitragen kann und wo seine Grenzen liegen.

Klang und Material

Form- und Materialbeschaffenheit haben durchaus Auswirkungen auf die Akustik. Das nimmt nicht wunder, denn – wie der Name schon deutlich sagt – ein Hörer ist ein Gerät zum Hören, ein akustisches Instrument, ein Klangkörper. Bei Klangkörper denken wir freilich nicht sofort an einen Telefonhörer, sondern an ein Musikinstrument, an eine Geige oder ein Cello beispielsweise. Waren die alten Geigenbauer wie Stradivari oder Amati Designer? Das will einem nicht so recht über die Zunge, obwohl man nach heutigem Sprachgebrauch einen Geigengestalter auch zu den Designern zählen könnte. Aber eines waren sie mit Sicherheit nicht: Sie waren keine Holzgeräteschnitzer, sondern Akustiker. Und sie kannten ihr Material so gut wie die Schallgesetze. Sie wußten, daß Fichtenholz zwei spezifische Eigenschaften in idealer Weise in sich vereinigt: In der Richtung der Jahresringe geschnitten ist es extrem schalleitend, entgegengesetzt den Jahresringen extrem schalldämpfend. Diese souveräne Kenntnis des Materials zusammen mit erlesenem handwerklichem Können machte die Meisterschaft aus und den subtilen Zusammenhang zwischen Kennerschaft und Könnerschaft sichtbar.

Herbert H. Schultes

Das Telefon – die Grenzen des Design

Entscheidend für die besondere Qualität eines Fichtenholzes für den Geigenbau war die Regelmäßigkeit bzw. die Gleichförmigkeit der Jahresringe. Deshalb begann die Arbeit der Materialsuche damit, daß die Geigenbaumeister die Baumstämme abklopften, um die akustischen Eigenschaften des Holzes und damit seine Eignung für den vorgesehenen Zweck zu prüfen. Hauptsächlich deshalb, weil man die Qualität des Materials heute nicht mehr findet, die damaligen Fichtenbäume waren über lange, lange Jahre unter besonderen Bedingungen herangewachsen, kann man heute keine Stradivari mehr bauen.

Die Klangeigenschaften mit anderen Materialien zu erreichen, ist offenbar nicht möglich. In Japan hat man versucht, eine Stradivari aus hochwertigem Kunststoff nachzubauen, aber trotz aller äußerst sorgfältigen elektronischen Vermessungen der Wandstärken, Radien, Versteifungen und Oberflächenbeschaffenheiten schlug dieser Versuch fehl. Die Geige hatte keinen Klang.

Warum erwähne ich die alten Geigenbauer? Das Telefon ist doch nicht mit einer Geige zu vergleichen. Akustisch betrachtet ist ein Telefonhörer das genaue Gegenteil einer Geige oder eines Cellos. Die Musikinstrumente brauchen einen Resonanzboden. Sie sollten in sich schwingen, denn durch die Schwingungen entsteht der Ton. Ein Telefonhörer soll das gerade nicht. Er soll nach Möglichkeit jede Eigenschwingung vermeiden. Er soll keinen Ton erzeugen, sondern er soll das Sprechgeräusch störungsfrei weitergeben. Trotzdem – oder gerade deshalb – muß ein Designer das Material, aus dem er das Telefon gestaltet, genauso gut kennen wie ein Geigenbauer das seine. Das ist der Vergleichspunkt, auf den es mir ankommt.

Damit bin ich bei einem Thema, das mich in der letzten Zeit mehr und mehr beschäftigt. Die angesprochene Materialkenntnis kann man sich nicht abstrakt und auf theoretischem Wege erwerben, sondern man erwirbt sie nur durch einen

Herbert H. Schultes

Das Telefon – die Grenzen des Design

hautnahen, sinnlichen Umgang mit dem Material. Wie ein Material aussieht, wie es sich anfühlt, wie es riecht, wie es sich bei der Bearbeitung und der Verarbeitung verhält, wie es klingt und wie es schwingt, erfährt man zuverlässig nur durch die sinnliche Erfahrung. Jede handwerkliche Ausbildung bringt dieses Erfahrungswissen mit sich, denn hier befaßt man sich täglich mit dem Material, weil man es täglich anfassen und begreifen muß. Und so bekommt man langsam einen Begriff davon, was dieses oder jenes Material ist oder tut oder kann.

Unsere jungen Designer haben aber in der Regel keine handwerkliche Ausbildung mehr. Deshalb haben sie verständlicherweise auch keine wirkliche Kenntnis und demzufolge auch kein Verständnis des Materials, mit dem sie umgehen. Die Folge davon ist, daß sie die haptischen und akustischen Aspekte des Materials bei ihrer Arbeit vernachlässigen und sich ganz auf die Form, auf das Visuelle, auf den schönen Schein, konzentrieren. Das ist nicht ohne Gefahr, denn mag es auch paradox klingen: Mit der Konzentration auf das rein Ästhetische geht ein wichtiges Stück Designqualität verloren. Bleibt als Orientierungsgröße nur die Wirkung der Oberfläche übrig, entsteht ein Oberflächen-Design oder Hüllen-Design. Es fehlt die Tiefendimension. Das Design wird eindimensional und sinnentleert. Schein und Sein, Inhalt und Form, Wesen und Erscheinung fallen auseinander, sind keine Entsprechungen mehr. Gestaltung im Sinne des klassischen Industrie-Design hat aber immer eine integrative Aufgabe. Der Designer soll Form und Funktion, Schönheit und Nutzen vereinen! Was folgt daraus?

Funktion und Klang

Wir müssen im Design die ästhetische Beliebigkeit und die Verliebtheit in die Kunstformen zurückdrängen und uns wieder mehr auf die Funktion besinnen. Nur so können wir die Designqualität erreichen, die wir anstreben. Ein Beispiel:

Herbert H. Schultes

Das Telefon – die Grenzen des Design

Ein Designer, der die Funktion hintanstellt und nur die gefällige Form, den visuellen Reiz im Auge hat, wird beispielsweise bei der Gestaltung eines Telefonhörers aus naheliegenden Gründen die vertikale Symmetrie wählen, denn diese Symmetrie wird vom Betrachter und Deuter als ebenmäßig, ruhig, elegant und ausgeglichen empfunden. Sie entspricht einem klassischen ästhetischen Ideal.

Unter funktionalem Gesichtspunkt ist diese Vertikalsymmetrie aber unsinnig und dumm. Bei einem Hörer mit vertikaler Symmetrie schaukeln sich die Störgeräusche nämlich gegenseitig hoch. Durch Vermeidung der Vertikalsymmetrie unterbindet man auch diese Störgeräusche. Aus dieser physikalischen Erkenntnis der Akustiker ergibt sich die klare Forderung an den Designer: keine Vertikalsymmetrie beim Telefonhörer, sondern eine diagonale Symmetrie, weil sonst die funktionale Qualität leidet. Die Aufgabe des Telefons ist doch die: eine gesprochene Nachricht in optimaler akustischer Qualität von A nach B zu transportieren. Jedes Telefon, das durch sein Design die akustische Qualität verringert

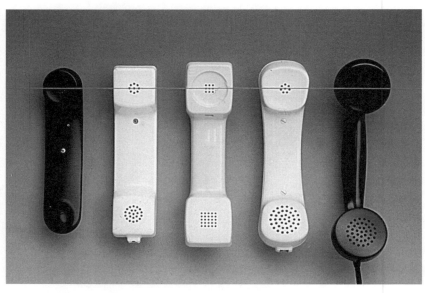

Telefonhörer mit unterschiedlichem Ohr-Mund-Abstand.

Herbert H. Schultes

**Das Telefon
– die Grenzen
des Design**

statt erhöht, muß falsch gestaltet sein, und sei es noch so schön.

Die Funktion sagt dem Telefon-Designer noch einige andere Dinge. Wenn man z. B. in die Sprechmuschel des Hörers aus formal-ästhetischen Gründen nur ein Loch macht, weil das Mikrofon so leistungsstark ist, daß es nicht mehr Öffnungen braucht, ist das ein Fehler. Der Akustiker weiß, daß nicht das Sprechgeräusch, sondern die reine Luftbewegung, die beim Ausatmen entsteht, an diesem Loch wie bei einer Flöte ein Geräusch erzeugt, das beim Telefonieren als Störgeräusch empfunden wird. Mehrere Löcher dagegen teilen den Luftstrom.

Eine andere Vorgabe für das Design, die rein aus der Funktion, der Gebrauchstauglichkeit des Telefonhörers erwächst, ist die Behandlung der Oberfläche. Unter dem Aspekt der Designqualität, die ja ein wesentlicher Bestandteil der Produktqualität ist, verbietet es sich eindeutig, die Oberfläche eines Telefonhörers aufzurauhen, denn die leiseste Bewe-

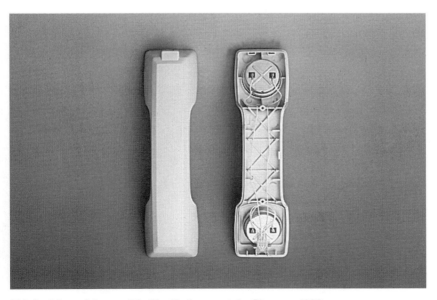

Telefonhörer „Murnau" in Vertikalsymmetrie, Siemens 1988.

Herbert H. Schultes

Das Telefon – die Grenzen des Design

gung mit den Fingern über die Oberfläche erzeugt sofort ein ganz massives Störgeräusch.

Die Abdeckklappen für die Beschriftung der Funktionen sind ebenfalls von Übel. Sie sind niemals so zu fixieren, daß sie nicht sofort jede Schwingung aufnehmen und damit die Tonqualität beeinträchtigen. So hat der Designer zahlreiche Möglichkeiten, die akustische Qualität des Telefons zu verbessern, indem er die Erkenntnisse der Akustiker im Sinne einer optimalen Funktion bei der Gestaltung beherzigt.
So verhindern Verrippen im Gehäuseinnern, Wandstärkenverdickungen und Krümmungen, die einen soliden Körper entstehen lassen, ein Hochschaukeln der störenden Schwingungen. Allzu groß sind allerdings die Möglichkeiten der Einflußnahme für den Designer nicht. Denn zwei ganz wesentliche Ursachen schlechter akustischer Qualität beim Telefonieren sind die Qualität der elektronischen Bauteile und die Leistungsfähigkeit der Netze. Beide liegen außerhalb der Kompetenz des Designers.

Grenzen des Design

Ist ein veraltetes Leitungsnetz der Post den technischen Anforderungen eines schnurlosen Telefons nicht gewachsen, nützt das bestgestaltete Telefon nichts. Und sind in einer Firma weit auseinanderliegende Gebäude unter einer Sammelnummer zusammengefaßt und muß deshalb das Telefongespräch über mehrere Schaltungen laufen, bis es beim Gesprächsteilnehmer ankommt, dann hat die unbefriedigende Tonqualität nichts mit dem Telefon zu tun. Ebensowenig liegt es an der Designqualität des Telefons, wenn bei einem Gespräch nach Amerika über eine digitale Verbindung der Partner viel klarer und lauter zu hören ist als jemand im nächsten Vorort, sondern an der Leistungsfähigkeit des Netzes. Hier sind die Grenzen des Design eindeutig erreicht. Um noch einmal auf die Ausgangsfrage zurückzukommen, in welchem Umfang der Designer für die akustische Qualität

Herbert H. Schultes

**Das Telefon
– die Grenzen
des Design**

beim Telefonieren verantwortlich ist, läßt sich also feststellen: Innerhalb der Grenzen, die die Technik setzt – oder, anders ausgedrückt: bis dorthin, wo die reine Technik anfängt – kann der Designer mit gestalterischen Mitteln die akustische Qualität beim Telefonieren durchaus beeinflussen.

Offensichtlich ist aber diesem Aspekt im Telefon-Design weder von den Designern noch von ihren Auftaggebern bisher die Aufmerksamkeit zuteil geworden, die er verdient. Die Beschäftigung mit diesem Thema hat bei den Siemens-Designern den Wunsch laut werden lassen, in Zukunft mehr mit Akustikern zusammenzuarbeiten. Sie sehen in diesem Ansatz reelle Chancen, das Telefon zu verbessern und effektiver zu gestalten.

Wolfgang Welsch
Auf dem Weg zu einer Kultur des Hörens?

1. Das Großprogramm einer auditiven Kulturrevolution

Ein Verdacht geht um: Unsere Kultur, die bislang primär vom Sehen bestimmt war, sei im Begriff, zu einer Kultur des Hörens zu werden. Und dies sei wünschenswert und nötig. Nicht nur aus Gründen der Gleichbehandlung müsse nach der über zweitausendjährigen Dominanz des Sehens nun das Gehör emanzipiert und vielleicht sogar privilegiert werden. Sondern der hörende Mensch sei auch der bessere Mensch – er nämlich sei fähig, sich auf anderes einzulassen und es zu achten, statt es bloß zu beherrschen. Sogar auf einen Fortbestand der Gattung Mensch und des Planeten Erde könne man nur hoffen, wenn unsere Kultur künftighin das Hören zum Grundmodell nehme und vom Modell des Sehens abrücke, denn die Dominanz des Sehens treibe uns in der technisierten Moderne unweigerlich einer Katastrophe zu, vor der uns das rezeptiv-kommunikativ-symbiotische Weltverhältnis des Hörens bewahren könne. Untergang oder Rettung, Katastrophe oder Heil – das ist das Alternativszenario, mit dem manche uns wachzurütteln, uns die Ohren zu öffnen suchen.

Am eindringlichsten hat Joachim-Ernst Berendt seit 1983 für den Übergang von einer visuell zu einer auditiv geprägten Kultur plädiert. Von ihr erwartet er sich die Lösung aller Probleme – von unseren Beziehungskrisen bis hin zur ökologischen Bedrohung des Planeten.[1] Und Berendt ist sich prophetisch gewiß, daß ein Zeitalter des Hörens kommen werde: »Die alten Organisationsformen waren ›Seh-Ordnungen‹, die neuen werden ›Hör-Organismen‹ sein.«[2]

Berendt ist nicht allein. Längst hatten Heidegger als Philosoph und Rosenstock-Huessy als Soziologe für den Übergang unserer Kultur vom Sehen zum Hören plädiert. Gegenwärtig achtet die neuere französische Philosophie mit großem Engagement auf auditive Momente in Texten: man hört auf den

Wolfgang Welsch

Auf dem Weg zu einer Kultur des Hörens?

Ton einer Rede, schenkt dem Rhythmus eines Schreibens Aufmerksamkeit, wendet sich »Unerhörtem« zu. Nietzsches Klage über den schlechten Stil der Deutschen, der daher rühre, daß ihnen »das dritte Ohr« fehle – die deutschen Schriftsteller läsen leider »nicht laut, nicht für's Ohr, sondern bloss mit den Augen« und hätten schon bei der Abfassung ihrer Texte die »Ohren ... in's Schubfach gelegt«[3] – diese Klage Nietzsches wäre in unserem Nachbarland unnötig. Auch in Deutschland sprechen inzwischen Autoren wie Dietmar Kamper oder Peter Sloterdijk vom Ende des optischen Zeitalters und von einer neuen, »geheimen Prävalenz des Hörens«, sowie von einer modernitätskritischen »Metaphysik der Rezeptivität«.[4] Für US-Autoren wie Marshall McLuhan ist der Übergang von der visuellen zur auditiven Kultur ohnehin längst eine Tatsache.[5]

Die Empfehlungen für eine solche Kultur des Hörens klingen allesamt sympathisch und vielversprechend. Eine Kultur des Hörens würde unsere Aufmerksamkeit auf die Mitmenschen und die Natur verstärken; sie wäre lernfähig, statt bloß zu dekretieren; Verflechtungen und Netzwerke – also die Denkformen, die wir künftig benötigen – wären für sie selbstverständlicher als die herkömmlichen logischen Schritte; sie wäre insgesamt verständnisvoll, zurückhaltend, symbiotisch, aufnahmefähig, offen, tolerant – und wie all die anderen Prädikate heißen mögen, die Berendt ins Feld führt.[6] Endlich würden wir zum Hören auf die Dinge, die Welt, die Sprache, die Anderen befreit.

2. Bedenken

Aber besteht nicht auch Anlaß zu Bedenken, vielleicht sogar zu einem Verdacht? Müßte man – gerade wenn man des Hörens fähig geworden ist – in diesen Plädoyers für das Hören nicht auch eine fatale Verbindung mithören: die zur Hörigkeit? Ist es vom sympathischen Lobpreis des Hörens wirklich so weit zu den fatalen Apologien von Hörigkeit und Gehorsam?

Wolfgang Welsch

Auf dem Weg zu einer Kultur des Hörens?

Für derlei Hörigkeit wird niemand plädieren wollen. Man wird die Gewinne der Aufklärung – sie hatte gerade das Ende der Hörigkeit zum Programm gemacht – nicht leichtfertig preisgeben wollen. Dann aber braucht man Abgrenzungskriterien, die uns sagen, bis wohin dem Hören Folge zu leisten ist und wo nicht mehr. Dann kann das Hören nicht alles sein. Man wird dafür Sorge tragen müssen, daß die wie immer berechtigte Kritik an der Moderne nicht eilfertig eine »postmoderne« Epoche des Hörens ausruft, die sich in Wahrheit als Epoche prämoderner Hörigkeit entpuppen könnte.

Solche Grenzziehungen will ich im folgenden versuchen. Außerdem möchte ich Rahmenbedingungen des Themas ansprechen und Vorurteile thematisieren, mit denen das Hören zu kämpfen hat. Es gilt zu prüfen, in welchem Sinn in unserer Tradition eine Vorherrschaft des Sehens besteht – und mit welchen Gründen wir diesen Visualprimat in Frage stellen und für eine Gleichberechtigung des Hörens eintreten können.

3. »Kultur des Hörens«

Die Rede von einer »Kultur des Hörens« kann in zweifachem Sinn verstanden werden. Sie kann einen großen, anspruchsvollen, metaphysisch-umfassenden Sinn haben, also auf eine Gesamtumstellung der Kultur mit dem Hören als neuem Grundmodell unseres Selbst- und Weltverhaltens zielen. Oder sie kann einen kleineren, bescheideneren, wohl auch pragmatischeren Sinn haben. Dann zielt sie in erster Linie auf eine Kultivierung nur der Hörsphäre, unserer zivilisatorischen Lautsphäre. Im einen Fall also soll das Hören zum Medium einer Revision der Kultur, ja geradezu zum Leitsinn einer neuen Kultur werden. Im anderen Fall beschränkt man sich auf eine Verbesserung der Hörverhältnisse innerhalb der bestehenden Kultur. Das letztere wäre angesichts der faktischen Unterprivilegierung des Hörens und einer akustisch verrotteten Zivilisation noch immer wichtig genug.

Wolfgang Welsch

Auf dem Weg zu einer Kultur des Hörens?

Die Bedeutung unserer Sinne reicht stets über deren engeren Bereich hinaus. Sagt man von der Tradition, sie sei visuell dominiert, so meint man ja nicht, daß sie alle Fragen nach Auskunft des Gesichtssinns entschieden hätte. Man meint vielmehr, daß die *Typik* des Sehens noch unserem Erkennen, unseren Verhaltensformen, unserer ganzen technisch-wissenschaftlichen Zivilisation eingeschrieben war. Diese sei beispielsweise grundsätzlich feststellend gewesen – wie das Sehen es eben ist. Ebenso meint auf der anderen Seite das große Plädoyer für das Hören nicht, daß die Menschen künftighin nur noch ihre Ohren gebrauchen sollten. Sondern man weist darauf hin, daß die Welt bereits mikrophysikalisch aus Schwingungen besteht, daß unserem Denken und unserer Logik eine verborgene Akustik eingeschrieben ist (es ist ja immerhin nachdenkenswert, daß wir von unseren Aussagen und Urteilen verlangen, daß sie »stimmen«) und daß unser Verhalten zu anderen Menschen und zur Welt insgesamt aufnehmend, hinhörend, sich einlassend werden solle. Die rein sinnliche Bedeutung von Sehen und Hören ist stets von vielen weiterreichenden Bedeutungen begleitet.

Daher wird nicht erst die große Hör-Revolution, sondern schon die kleine Hör-Revision auf den Gesamthaushalt unserer Kultur ausstrahlen können. Platon beispielsweise – bekanntlich nicht gerade ein Sinnenfreund – hatte ein sehr genaues Gespür dafür, daß die Einführung neuer Musikformen die Formen des Zusammenlebens und die Gesetze des Staates nicht unberührt lassen werde.[7] Wie wir Menschen als Sinneswesen mit unseren Sinnen umgehen, wirkt sich auch auf unser übriges Selbstsein und unser Weltverhalten insgesamt aus.

4. Zum Vorhaben

Drei Fragenkreise werde ich eingehender behandeln:
– Ist unsere Tradition und Gegenwart tatsächlich durch einen Visualprimat bestimmt? Warum ist dieser uns zum Problem und andererseits das Hören zur Hoffnung geworden?

Wolfgang Welsch

Auf dem Weg zu einer Kultur des Hörens?

– Worin besteht der typologische Unterschied zwischen Sehen und Hören? Was sind die Motive der traditionellen Bevorzugung des Sehens? Wodurch würde sich eine auditive von einer visuellen Kultur unterscheiden?

– Mit welchen guten Gründen können wir für den Übergang zu einer Kultur des Hörens argumentieren, ja diesen legitimieren? Und was sind die Forderungen und Kriterien einer solchen Kultur?

Hugo Kükelhaus, der große alte Mann einer Rehabilitierung unserer Sinne, hat einmal beklagt, daß den Menschen, die von den akustischen Fehlformen der Zivilisation und Technik betroffen seien, die »Argumente zu ihrer Verteidigung« fehlten. Sie hätten nichts in der Hand »außer dem Hinweis auf ihr Empfinden«. Damit aber, mit solchen Hinweisen auf das Empfinden, könne man gegenüber politischen Entscheidungsträgern und Institutionen nicht operieren.[8] – Ich will versuchen, Argumente der von Kükelhaus so schmerzlich vermißten Art anzugeben.

I. Der traditionelle Visualprimat und seine aktuelle Infragestellung

1. Visualprimat – von den Griechen bis heute

Ursprünglich war die abendländische Kultur gar nicht eine Kultur des Sehens, sondern des Hörens. Zu einer Kultur des Sehens ist sie erst geworden. Die griechische Gesellschaft war anfänglich vom Hören bestimmt. Egon Friedell wies darauf hin, daß »die Empfänglichkeit und Empfindlichkeit der Griechen für die Macht der Töne [...] geradezu pathologisch« gewesen sein müsse.[9] Und Nietzsche, von dem Friedell diese Auffassung übernommen hat, leitete die zentrale Erfindung der klassischen griechischen Kultur, die Tragödie, aus dem Geist der Musik ab. In der homerischen Adelsgesellschaft war das Hören zentral.[10]

Wolfgang Welsch

Auf dem Weg zu einer Kultur des Hörens?

Zu einem Primat des Sehens kam es erst an der Wende zum vierten vorchristlichen Jahrhundert und vornehmlich in den Bereichen Philosophie, Wissenschaft und Kunst.

So erklärte Heraklit – obwohl er sich selber gelegentlich noch, vor allem im Blick auf den Kosmos, musikalischer Metaphern bediente –, daß die Augen »genauere Zeugen« seien »als die Ohren«. Er nannte Pythagoras, den Erfinder der Sphärenharmonie, auf den sich heute wieder viele Apologeten einer auditiven Kulturrevolution berufen, gar den »Ahnherrn der Schwindler«.[11] Das signalisiert den Abschied vom Hörprimat und den Übergang zum Sehprimat.

Bei Platon hat sich das visuelle Modell dann vollständig durchgesetzt. Die Grundbestimmungen des Seins heißen nun »Ideen«, werden also bis ins Wort hinein als Gegenstände des Sehens bestimmt. Zum höchsten Vollzug des Menschen wird die Theorie, die Schau dieser Ideen; der Weg des Menschen führt aus der Dunkelheit der Höhle und der Schattenbilder zum Tageslicht, um schließlich, nach langen Übungen, zur Schau des Lichtursprungs, der Sonne, des reinen Guten zu führen. Der Weg ist somit von Anfang bis Ende visuell bestimmt. Die Wahrheit des Kosmos wird fortan in der Grammatik des Sehens, nicht mehr in den Strukturen des Hörens gesucht. Damit ist der Visualprimat auf absehbare Zeit befestigt. Er wird die neuplatonische und mittelalterliche Lichtmetaphysik ebenso wie das neuzeitliche und moderne Lichtpathos der Aufklärung bestimmen.

Einzig in einer Anekdote verrät sich noch ein Bewußtsein davon, daß die Wahrheit des Sehens vielleicht doch nicht die ganze Wahrheit ist. Wenige Stunden vor seinem Tod erzählt Sokrates seinen Schülern von einem Traum, der ihm oftmals geboten habe, Musik zu treiben, aber stets habe Sokrates unter dieser Musik das Philosophieren verstanden – das doch wohl die vortrefflichste Musik sei. Jetzt aber, angesichts des Todes, kämen ihm Bedenken, ob nicht vielleicht doch Musik im üblichen Sinn gemeint gewesen sei. Daher dichtet

Auf dem Weg zu einer Kultur des Hörens?

Sokrates am Ende ein Proömium auf Apoll, den Gott der Musik. – Nietzsche, der erste jener neueren Philosophen, die über zweitausend Jahre nach Heraklit, Platon und Sokrates der Metaphysik des Sehens mißtrauten und eher wieder am Leitfaden des Hörens zu denken versuchten, hat diese Anekdote als Zeugnis des schlechten Gewissens gelesen, zu dem alle Fanatiker des Sehens Anlaß hätten.[12] Zwar haben sie eine Wahrheit entdeckt – aber sie haben dafür eine andere preisgegeben und die ihre fälschlich für die ganze Wahrheit gehalten.

Geschichtlich jedoch hat sich, wie gesagt, die Vorherrschaft des Sehens durchgesetzt. Die aristotelische *Metaphysik* beginnt mit einem Lob auf das Sehen und dessen Modellcharakter für jegliche Einsicht und Erkenntnis; die neuplatonische und mittelalterliche Lichtmetaphysik ist eine einzige Ontologie der Sichtbarkeit; die christliche Metaphysik interpretiert noch das göttliche Wort in visuellen Metaphern, und natürlich wird den Heiligen eine *visio beatifica* zuteil; selbst in der Wendung gegen das (wie man später sagen wird) »finstere Mittelalter« bleibt die Auszeichnung des Sehens erhalten, ja sie steigert sich sogar, wenn Leonardo da Vinci das Sehen göttlich nennt und ihm die Erfassung der Grundwahrheiten der Welt zuerkennt; die Aufklärung bringt die Metaphorik von Licht und Sichtbarkeit vollendet zur Geltung; und noch die Moderne kennt keinen höheren Wert als die Transparenz.

Der Visualprimat nistet – gemeinhin für selbstverständlich geltend – auch in zahllosen Details unserer alltäglichen Orientierung.[13] Zum Beispiel: Hört einer Stimmen, so wird er in eine Anstalt verbracht; hat er aber Visionen, so gilt er als Vordenker, ja als Prophet. Ebenso sind noch heute all unsere Erkenntnisausdrücke – ›Einsicht‹, ›Evidenz‹, selbst ›Intelligenz‹ – von visuellem Zuschnitt. Auch unsere politische Rhetorik und unsere privaten Erwartungen sind visuell bestimmt: Man erwartet Offenheit und will einander auf den Grund der Seele sehen.

Natürlich ist auch die Wissenschaft von diesem Visualprimat – schärfer formuliert: von dieser Okulartyrannis – geradezu behext. Das reicht bis zu absurden Details. Murray Schafer hat vor Jahren darauf hingewiesen, daß die Wissenschaftler sogar akustische Phänomene vorwiegend nach Art visueller Erscheinungen behandeln und analysieren – Akustik wird ihnen zu einer Sache des Auges statt des Ohres.[14] Ebenso blieb das Design – als Kind der Moderne – herkömmlicherweise auf Aspekte der Visualität und der Form fixiert. Seit den siebziger Jahren lernte man, auf taktile Dimensionen zu achten. Hinsichtlich der akustischen Gestaltung steht vieles noch aus.

2. Kritik des Visualprimats – Plädoyer fürs Hören

a. Philosophische Kritik

Seit Jahrzehnten ist der Visualprimat unter Beschuß geraten. War die Philosophie traditionell eine Disziplin der Durchsetzung des Visualprimats, so ist sie in unserem Jahrhundert zu einer eindringlichen Kritikerin der Sehdominanz geworden. Die beiden wichtigsten Denker der ersten Hälfte dieses Jahrhunderts, Heidegger und Wittgenstein, haben die Orientierung am Sehen geradezu als das *proton pseudos* der abendländischen Denkgeschichte identifiziert und dagegen Momente des Hörens zur Geltung gebracht.

Heidegger hat Platons Wendung zum Sehen als den Sündenfall der abendländischen Philosophie überhaupt begriffen.[15] Durch ihn sei das Seiende von Grund auf zu einem Objekt, zu einem Gegenstand der Feststellung und Herstellung geworden. Mit der Wende zum Sehen beginne die abendländische Rationalisierung, die das Seiende berechenbar macht und die in der modernen Technik gipfelt, für die das Seiende nur noch verfügbarer Bestand oder maßzuschneiderndes Produkt ist. Demgegenüber hat Heidegger für den Übergang zum Hören, zum Vernehmen, zum sorgenden Umgang mit den Dingen plädiert.[16]

Und Wittgenstein hat die herkömmliche Bedeutungstheorie, die am Modell der Vorstellung orientiert ist – Bedeutungen sollen Objekte eines geistigen Sehens sein –, durch eine Gebrauchstheorie der Bedeutung ersetzt: Der Sinn unserer Ausdrücke liegt in ihrem Gebrauch, und dieser ist von sozialen Formen der Verständigung und damit vom Hören unabtrennbar.

Der Übergang von der Bewußtseinsphilosophie zum Paradigma der Kommunikation, wie er sich in den letzten Jahrzehnten in verschiedenen europäischen und amerikanischen Denkrichtungen vollzogen hat, bedeutet jedesmal auch einen Übergang von der traditionellen Favorisierung des Sehens zu einer neuen Betonung des Hörens.

b. »Panopticon« und Überwachungsgesellschaft
Daß es in alledem nicht um philosophische Glasperlenspiele, sondern um eine Kritik alltäglicher kultureller Prägungen geht, hat Michel Foucault gezeigt. Er demonstrierte, wie sehr das Sehen die Institutionen und Architekturen der Moderne bestimmt und wie sich dabei Maßnahmen der Befreiung in Szenarien der Überwachung und Disziplinierung verkehren.

Das schlagendste Beispiel ist Jeremy Benthams »Panopticon« von 1787, der Idealtyp einer Strafanstalt.[17] Die Zellen sind im Kreis um einen Zentralturm angeordnet, und da sie, anders als die früheren Kerker, mit viel Licht von außen versehen sind, genügt ein einziger Beobachtungsposten im Zentrum, um alle Insassen perfekt zu überwachen. Er kann jede Bewegung in den Zellen im Schattenriß verfolgen. Das »Panopticon« ist eine perfekte Überwachungsarchitektur.

Zugleich handelt es sich um eine bildhafte Manifestation des optischen Weltverhältnisses überhaupt: Ein Auge im Zentrum ist der Herr aller Erscheinungen. Aufschlußreich ist zudem, wie hier das Licht, das hehre Symbol der Aufklärung, nicht als Medium der Freiheit, sondern als Falle fungiert, als Überwachungsmittel. Je mehr Licht, Sichtbarkeit und Transparenz – um so mehr Überwachung, Kontrolle und Disziplinierung. Darin besteht Benthams ingeniöse Ausnutzung der Dialektik der Sichtbarkeit. Für Foucault ist es ein Paradebeispiel von »Dialektik der Aufklärung«.

Sehprimat und Überwachungsgesellschaft bilden einen schlüssigen Zusammenhang. Wenn man sich ständiger Transparenz und Überwachbarkeit ausgesetzt weiß, wird man bald anfangen, sich selber zu kontrollieren – am Ende wird es also nicht einmal mehr den einen Wachtposten brauchen, wir disziplinieren uns selbst, die Gesellschaft vollständiger Transparenz wird die Gesellschaft vollständiger Überwachung sein.

c. Narziß und Echo
Ist man für derartige Zusammenhänge erst einmal sensibilisiert, so entdeckt man sie – überrascht und erschreckt – auch in zahlreichen älteren Dokumenten. Die Dialektik, ja letztlich die Tödlichkeit des Sehens wurde unserer Kultur schon im Mythos prophezeit – in der Geschichte von Narziß. Als dessen Mutter den weisen Teiresias fragte, ob ihrem Sohn ein langes Leben beschieden sein werde, antwortete Teiresias: »Nur dann, wenn er sich selbst nicht schaut.«[18] – Man weiß, wie die Geschichte ausging. Narziß starb durch die Liebe zu seinem Spiegelbild, die ihn auf nichts anderes mehr achten ließ. Und doch ist das nur die eine Hälfte der Geschichte; man darf die andere nicht unterschlagen. Narziß verfiel der tödlichen Faszination des Sehens, genau nachdem er die Nymphe Echo – also die mythische Inkarnation reinen Tons – verschmäht, sie nicht ›erhört‹ hatte. So führt uns der Mythos in der Geschichte des Narziß die Doppelfigur von Sehprivileg und Hörverachtung mitsamt ihren tödlichen Folgen vor Augen. Er verkündet dem Abendland die Tödlichkeit eines Sehens, das nur noch sehen will und gegen das Hören sich blind verhält.

d. Griechische und jüdische Kultur
Übrigens kennt das Abendland die Bedeutung des Hörens nicht nur aus seiner später überlagerten Frühzeit, sondern

Wolfgang Welsch

Auf dem Weg zu einer Kultur des Hörens?

auch aufgrund seiner Begegnung mit der jüdischen Kultur. Diese ist eine Kultur des Hörens. Jakob Taubes, als jüdischer Rabbi und abendländischer Philosoph in beiden Kulturen kompetent, schrieb: »Wenn Hellas das ›Auge der Welt‹ genannt wird, so läßt sich [...] von Israel sagen, daß es das ›Gehör der Welt‹ ist.‹[19] Viele der gegenwärtigen Plädoyers für eine Kultur des Hörens stammen von Intellektuellen jüdischer Provenienz. Vermutlich enthält der traditionelle Visualprimat ein Moment von Abwehr jüdischer Kultur – umgekehrt könnte in der Zuwendung zum Hören die Chance einer Versöhnung liegen.

e. Gründe zur Vorsicht
Trotz aller plausiblen Gründe, den Sehprimat zu verabschieden und für eine Kultur des Hörens zu plädieren, muß man auch vor der umgekehrten Einseitigkeit warnen. Mit dem Übergang zu einer Kultur des Hörens verbinden wir die Hoffnung, das Subjekt-Objekt-Denken und das Zwillingspaar von Fremd- und Selbstunterwerfung hinter uns zu bringen und zu Strukturen der Einfügung, der Symbiose, einer ökologischen Integration von Mensch und Welt zu gelangen. Aber ist nicht auch hier mit einer Dialektik zu rechnen? Schließlich hatte auch die Kultur des Sehens mit reinen Glücksversprechen begonnen – um dann in Disziplinierung und Selbstgefährdung zu enden. Könnte Vergleichbares nicht auch einer Kultur des Hörens bevorstehen?

Auf die Gefahr der Hörigkeit wurde schon hingewiesen. Sie liegt keineswegs ganz fern; Heideggers Plädoyer für ein Hören auf das Sein beispielsweise war dem Aufruf zum Hören auf den Führer gefährlich nahe.

Auch die andere, vielstrapazierte Empfehlung des Hörens, wonach wirkliche Vernunft, ihrem Namen »Ver-nunft« gemäß, vernehmende, also hörende Vernunft im Unterschied zur rechnenden und berechnenden Vernunft sein müsse, ist zumindest ambivalent. ›Vernehmen‹ enthält zwar einen Anklang an das Hören, aber ebenso an die polizeiliche bzw.

gerichtliche Vernehmung, an die peinliche Befragung,
wo man – ganz im Sinn jener stellenden und rechnenden
Vernunft, die man angeblich hinter sich bringen möchte –
zu Antworten gezwungen wird. – Es muß zutiefst bedenklich
stimmen, wenn die Prediger des Hörens für solche Ambivalenzen taub sind.

II. Typologische Unterschiede zwischen Sehen und Hören

In diesem Teil will ich einige Unterschiede von Sehwelt und
Hörwelt darstellen, die sowohl die Motive der traditionellen
Privilegierung des Sehens erklären wie die aktuelle Option
fürs Hören verständlich machen können.

1. Bleibendes – Verschwindendes

Es ist trivial zu sagen, daß sich das Sehen primär auf räumliche, das Hören auf zeitliche Phänomene bezieht. Sich
umzusehen, heißt räumliche und körperliche Gegebenheiten
wahrzunehmen, die relativ konstant vorhanden sind;
sich umzuhören hingegen heißt, Laute wahrzunehmen, die
im nächsten Moment verschwunden sein werden.

Dieser Unterschied hat beträchtliche Konsequenzen. Man
stelle sich nur einmal vor, gesprochene Worte würden nicht
verklingen, sondern – ähnlich wie sichtbare Dinge – weiterdauern. Dann wäre kein Reden möglich, denn alle nachfolgenden Worte würden von der Dauerpräsenz der vorausgegangenen absorbiert. So folgenreich ist der Unterschied
optischer und akustischer Phänomene.

Die Seinsweise von Sichtbarem und Hörbarem ist grundsätzlich verschieden. Das Sichtbare verharrt in der Zeit, das
Hörbare hingegen vergeht in der Zeit. Sehen hat es mit
Beständigem, dauerhaft Seiendem zu tun, Hören hingegen
mit Flüchtigem, Vergänglichem, Ereignishaftem.[20, 21] Daher
gehört zum Sehen eine Ontologie des Seins, zum Hören

hingegen eher ein Leben vom Ereignis her. Aus dem gleichen Grund hat das Sehen eine Affinität zu Erkenntnis und Wissenschaft, das Hören hingegen zu Glaube und Religion.

Übrigens erklären sich aus solchen Unterschieden auch ansonsten unverständlich bleibende Disparitäten wie die, daß wir gegenüber sichtbarer Umweltverschmutzung weitaus einschneidendere Maßnahmen ergreifen als gegenüber hörbarer. Sichtbares ist eben dauerhaft, während Hörbares vorübergehend ist und im wörtlichen Sinn eine verschwindende Größe darstellt. Außerdem ist unser ganzes Realitäts- und Handlungsverhältnis visuell und objekthaft geprägt. Auf akustische Verletzungen reagieren wir erst, wenn sie die Schmerzgrenze überschreiten und Empörung und Wut hervorrufen.

2. Distanzierung – Eindringlichkeit

Sowohl Hören wie Sehen sind Fernsinne, aber das Sehen ist der eigentlich distanzbildende Sinn.[22] Das Sehen bringt die Dinge auf Distanz und hält sie an ihrem Ort fest. Es ist der objektivierende Sinn schlechthin. Im Sehen gerinnt die Welt zu Objekten. Jeder Blick hat etwas vom Blick der Medusa: Er läßt die Gegenstände erstarren, versteinert sie. – Ganz anders das Hören, das die Welt nicht auf Distanz bringt, sondern einläßt. Während das Sehen ein Sinn der Distanz ist, ist das Hören einer der Verbundenheit.

Von daher versteht man, daß das Sehen zum Sinn der Erkenntnis par excellence werden konnte. Es ordnet, distanziert und beherrscht die Welt. Überdies kann es seine Gegebenheiten stets nachprüfen, kontrollieren. Denn da seine Objekte dauerhaft sind, kann es ein zweites oder drittes Mal auf sie zurückkommen. Das Hören kann das nicht. Ein zweites Mal hinzuhören, würde nichts nützen, der Ton wäre vorbei, der Moment verpaßt, die Chance vertan.

3. Affektlosigkeit – Passibilität

Das Sehen ist von seinen Gegenständen am wenigsten affektiv betroffen. Stets hat die Tradition das Sehen als unseren edelsten Sinn bezeichnet, und sie hatte dabei neben der Universalität des Sehens dessen Affektlosigkeit im Auge. Sehend sind wir am wenigsten körperlich affiziert.[23] Sehend sind wir Herren der Welt.

Das Hören hingegen hält die Welt nicht fern, sondern läßt sie ein. »Ton dringt ein, ohne Abstand«, wie Plessner sagte.[24] Für das Hören sind Eindringen, Verletzlichkeit, Ausgesetztsein charakteristisch. Wir haben zwar Augenlider, aber keine Ohrlider. Hörend sind wir ungeschützt. Hören ist ein Sinn extremer Passibilität, und akustischem Andrang können wir nicht entrinnen.[25] – Daraus folgt, daß wir akustisch besonders schutzbedürftig sind.

4. Individualität – Sozietät

Das Sehen ist ein Sinn der Individualität, das Hören einer der Sozietät. Vom antiken Lobpreis der Theorie über Leonardo da Vincis Beschreibung des gottähnlich-souveränen Augenmenschen bis hin zum Glück schauender Einsamkeit reichen die Zeugnisse vom Sehen als Sinn souveräner Weltbetrachtung. Das Sehen hat immer etwas von der überlegenen Schau am Ende des sechsten Schöpfungstages – und von der Einsamkeit und Selbstgenügsamkeit des so Schauenden.

Das Hören hingegen ist mit Menschen, mit unserer sozialen Existenz, verbunden. Wir müssen hören, um Sprache zu vernehmen und selber sprechen zu können. In diesem Aspekt ist dem Hören in der Tradition auch stets Anerkennung zuteilgeworden. Wenn man das Sehen als den edelsten Sinn des Menschen bezeichnete, so hat man – von Aristoteles über Kant bis in unsere Tage – als unseren unersetzlichsten Sinn das Hören eingeschätzt.

Aber diese Anerkennung ist trügerisch. Nicht das Hören als solches, sondern seine Dienstfunktion wird dabei geschätzt. Die Ausblendung der genuin akustischen bzw. klanglichen Dimension des Gehörten ist geradezu eine Vorbedingung dieser Anerkennung. Es kommt für die sprachliche Mitteilung ja nicht auf ein Hören von Tönen oder Klängen an, sondern einzig auf das Aufnehmen der sprachlichen Bedeutungen *mittels* der akustischen Signale. Das Hörbare tritt hinter seiner Dienstfunktion für die Sprache ganz zurück. Daß die lautlichen Elemente als solche gar nichts bedeuten, ist geradezu eine Bedingung der Übermittlungsfunktion.

III. Akustische Kultur – gegen akustische Barbarei

1. Ausgangspunkt

Überlegungen zu einer akustischen Kultur heute haben von der besonderen Ungeschütztheit des Hörsinnes und von der strukturellen Rücksichtslosigkeit einer visuell geprägten Kultur gegenüber dem Hören auszugehen. Die Empfindlichkeit des Hörsinnes, die als solche bewundernswert ist (die Physiologen sagen uns, er sei der empfindlichste aller Sinne), verkehrt sich in einer Umwelt, die auf das Gehör keine Rücksicht nimmt, zum eklatanten Nachteil. Was beglücken könnte, bringt Marter und Pein, macht krank. Dem haben Initiativen zu einer Umweltakustik entgegenzutreten.

2. Gleichwertigkeit von Sehen und Hören

Dazu unternahm dieses Symposium einen Versuch. Es mahnte zur gleichgewichtigen Beachtung von Form- und Klanggestaltung. Alle Plädoyers, die wir gehört haben, zielten auf eine solche Gleichwertigkeit. Natürlich bedeutet die Forderung nach einer Gleichberechtigung des Akustischen innerhalb einer visuell dominierten Kultur eine beträchtliche Umwertung und Herausforderung. Orthodoxen Visualisten muß sie skandalös vorkommen – und wer von uns wollte sich

Wolfgang Welsch

Auf dem Weg zu einer Kultur des Hörens?

ganz davon frei sprechen, da oder dort selber noch einem Visualprimat anzuhängen? Vielleicht ist der Visualprimat manchen von uns in diesen Tagen erstmals bewußt geworden – auch das wäre schon ein Erfolg.

Im übrigen: Ein zeitweises Übergewicht der einen Waagschale – jetzt also der akustischen – mag, wo es darum geht, das umgekehrte Ungleichgewicht zu beseitigen, durchaus angebracht sein. Man kennt Ähnliches vom Vorgang der Frauenemanzipation. Auch dort mußte, was Gleichberechtigung einforderte, zunächst als einseitige Herausforderung erscheinen und auch tatsächlich gelegentlich zu Einseitigkeiten bereit sein. Insgesamt aber kann es nicht um einen Primat des Hörens, sondern nur um eine Gegensteuerung gegen die konventionelle Hypertrophie des Sehens gehen, um zu einer Gleichgewichtigkeit zu gelangen.[26]

Unsere Bemühungen haben also nichts mit Hector Berlioz' Projekt einer Stadt gemeinsam, in der ausschließlich Musik erklingen sollte. »Euphonia« sollte diese im Harz gelegene Stadt heißen, und ihre zwölftausend Einwohner sollten sich ausschließlich ihrer musikalischen Vervollkommnung widmen.[27]

Für solch einseitige Projekte hat Nietzsche einmal das Bild vom »umgekehrten Krüppel« gebraucht. Normalerweise sind Krüppel Menschen, denen eines fehlt, während sie sonst alles haben. Umgekehrte Krüppel nennt Nietzsche »Menschen, denen es an Allem fehlt, ausser dass sie Eins zuviel haben«. Sie bestehen beispielsweise aus einem einzigen, riesengroßen Auge oder einem gigantischen Ohr. Von Zarathustra erzählt Nietzsche, er sei eines Tages einem Ohr begegnet, »so gross wie ein Mensch«. Bei näherem Hinsehen bemerkte er dann, daß sich »unter dem Ohre wirklich noch Etwas bewegte, das zum Erbarmen klein und ärmlich und schmächtig war. Und wahrhaftig, das ungeheure Ohr sass auf einem kleinen dünnen Stiele, – der Stiel aber war ein Mensch – wer ein Glas vor das Auge nahm, konnte sogar noch ein kleines neidisches Gesichtchen erkennen; auch, dass ein gedunsenes Seelchen am Stiele baumelte. Das Volk sagte mir [...], das grosse Ohr sei nicht nur ein Mensch, sondern ein grosser Mensch, ein Genie. [...] Ich aber [...] behielt meinen Glauben bei, dass es ein umgekehrter Krüppel sei, der an Allem zu wenig und an Einem zu viel habe.«[28]

Für solch umgekehrte Einseitigkeit streitet hier niemand, wir wollen Augen- *und* Ohrenmenschen sein – und gewiß auch sonst manchen Sinn nicht vergessen.

3. Kriterienszenario

Ist somit das Plädoyer klar – es geht um eine Aufwertung des Hörens –, und ist das Mißverständnis abgewehrt, daß dies eine Vorherrschaft des Hörens intendiere –, so bleiben nun noch einige Forderungen und Kriterien einer solch gleichberechtigten Kultur des Hörens zu benennen.

a. Idealansprüche?
Dabei sollte man nicht von einer falschen Voraussetzung ausgehen: daß jetzt eine ideale öffentliche Klangwelt zu erfinden sei – als ob wir freie Hand hätten, alles neu zu wünschen und dann auch gleich zu realisieren. So ist die Situation nicht, und im übrigen wäre es – so paradox das zunächst erscheinen mag – weitaus schwieriger, für eine solch scheinbar ideale Situation Lösungen anzugeben als für die reale. Die Gründe dafür sollte man sich freilich vor Augen führen – allein schon, weil man sicher sein kann, hie und da mit solch hochfahrenden Plänen konfrontiert zu werden.

Moderne Gesellschaften sind hochgradig differenziert, und eine Unterschiedlichkeit von Erwartungen, Ansprüchen und Geschmacksrichtungen ist für sie konstitutiv und legitim.[29] Über sie darf man sich nicht hinwegsetzen. Zusätzlich wird diese Pluralität der Ansprüche noch durch rezeptive Differenzen verstärkt. Was für den einen ein Wohlklang ist, kann

für den anderen einen Mißklang darstellen. Des einen Musik
ist – wie Max Neuhaus sagt – des anderen Muzak. Damit muß
jeder Designer heute rechnen – und zwar nicht als notwen-
digem Übel, sondern als Basis heutiger Gestaltung.

Der Unterschiedlichkeit der Erwartungen kann man sich
auch nicht durch Rekurs auf angebliche anthropologische
Konstanten entziehen – wie mancher das in Sachen Akustik
gerne täte. Unsere kulturellen Formungen und Differenzen
sind dafür zu stark und zu legitim. Beispielsweise sind die
Konsonanzen für manche seit der Emanzipation der Disso-
nanz tatsächlich vergiftet.

Welche Generalnorm man auch vorschlagen wollte – ob eine
hohe, sphärenharmonische, oder eine niedrige, physiologi-
sche –, sie wäre als allgemeine Norm stets verfehlt. Es gibt in
der heutigen Welt kein Monokriterium, nach dem sich die
akustische Welt ideal und universal einrichten ließe. Die nach
einem einzigen Paradigma gestaltete öffentliche Klangwelt
würde sich, so attraktiv ihr Modell zunächst für manche
erscheinen mag, für ein anderes Ohr bald als Diktatur einer
Gruppe, eines Geschmacks, einer Klangideologie entpuppen.

b. Anpassung?
Aber natürlich ist auch das Umgekehrte, das einfache Hin-
nehmen der faktischen Klangwelt, wie sie ist, keine Lösung.
Allerdings gibt es – auch wenn ich zögere, das zu sagen –
einen tückischen Prozeß, der uns diese Akzeptation zu lehren
und zu empfehlen scheint. Ich meine die Entwicklung der
avantgardistischen Musik.

Im visuellen Bereich haben die Futuristen die Schönheit und
Geschwindigkeit technischer Gebilde – etwa des Rennwagens
– gepriesen.[30] Und nicht nur sie taten das: Die neue Gestaltung hat sich insgesamt von technischen Innovationen inspi-
rieren lassen. Le Corbusier verkündete: „Wir haben im Namen
des Dampfschiffes, des Flugzeugs und des Autos unsere
Stimmen erhoben für Gesundheit, Logik, Kühnheit, Harmonie

Wolfgang Welsch

Auf dem Weg zu einer Kultur des Hörens?

und Vollkommenheit.«[31] (Wohlgemerkt: im Namen dieser technischen Geräte, nicht etwa im Namen der Menschen.) Ebenso hatten die technischen Innovationen und sogar ausgesprochene Krachmacher Leitfunktion für die musikalische Avantgarde. Luigi Russolo hat 1913 in seinem Manifest *L'arte dei rumori* die Tatsache gefeiert, daß heute der Lärm der Stadt über die menschliche Empfindsamkeit triumphiert, und er hat uns das Rumpeln und Rattern von Maschinen, den grellen Laut von mechanischen Sägen und die Orchestrierung von Eisengießereien, Kraftwerken und Untergrundbahnen als neue akustische Genüsse empfohlen.[32] John Cage schließlich hat die Gleichwertigkeit aller Laute proklamiert.

Diese Empfehlungen der musikalischen Avantgarde laufen auf die Akzeptation von Klang und Krach hinaus. Dazu wäre viel zu sagen, ich will mich auf einen Aspekt beschränken[33]: Vielleicht hat man in diesen Tendenzen verzweifelte Versuche zu sehen, uns mit einer akustisch unerträglichen Welt noch einmal zu versöhnen, sie uns erträglicher und umgekehrt uns in ihr lebensfähiger zu machen – etwa nach dem Motto „Wenn Dir die Musik Deiner Welt nicht paßt, so verändere Deine Organe und Deine Bewertungen, und Du wirst sehen, es geht und es hilft.«

Kunst hat stets daran gearbeitet, unsere Rezeptoren und Rezeptionsformen zu verändern. Hier aber ist das nicht mehr nur eine künstlerische, sondern eine zivilisatorische Strategie. Wie will man dies bewerten? Handelt es sich um einen Fall von Überanpassung? Oder handelt es sich – was in unserer Kultur gar nicht so ungewöhnlich wäre – um eine Identifikation mit dem Gegner, mit dem, was uns kaputt macht?

Sicher scheint mir das eine zu sein: Als Leitlinie für ein humaneres Akustikdesign und eine Ethik der akustischen Umwelt lassen diese Experimente der Avantgarde sich nicht verwenden.[34] Dagegen sprechen schon die Befunde der Medizin. Allenfalls als Nebenaspekt können die avantgardistischen Strategien interessant sein, denn gewiß müssen wir immer wieder damit rechnen, daß hinter unseren Aversionen schlechte und muffige Gründe stehen, die es zu verändern gälte.

c. Pragmatische Perspektiven
Aber unsere Aufgabe ist nicht, eine ideale Situation zu erfinden, und auch nicht, eine schlechte zu lassen, wie sie ist, sondern eine schädigende zu verbessern. Und dafür ist das Kriterien-Szenario relativ einfach. Das Beste zu bestimmen, ist immer schwierig, aber gegenüber einem lamentablen Zustand, wie der gegenwärtige es ist, ein Besseres anzugeben, das sollte sich machen lassen. Dafür braucht man keine absoluten Maßstäbe und kein verbindliches Modell, sondern dafür genügen plausible Perspektiven.

4. Leitlinien

a. Reduzierung und Differenzierung
Sicher bedürfen wir als erstes einer Reduktion der öffentlichen Lautmenge. Unnötige Geräuscherzeugung ist zu vermeiden. Der manipulatorische Einsatz von Klang fällt als erstes darunter. Ich denke – unter dem Stichwort akustische Umweltverschmutzung – an Muzak in Kaufhäusern oder an Brian Eno, der uns auf Flughäfen umlullt.[35]

Die verbleibende, unvermeidliche Lautmenge ist – zweitens – bewußt zu verbessern. Differenzierung ist ein erstes Mittel dazu. Welche anderen Möglichkeiten bieten sich an? Sprechen wir zunächst vom öffentlichen Raum. Dort sollten Umweltakustik und Industriedesign eher nach einem wünschenswerten Standard als nach wunderbaren Exquisitäten Ausschau halten. Zeitgenössische Musik mag als Paradigma locken, aber es wäre das falsche. Um nicht mißverstanden zu werden: Ich liebe diese Musik – aber sie ist eine Alternative zum Alltag, nicht ein Standard des Alltags. Gewiß gehört zu unseren Sinnen stets auch ein Transzendieren des Bestehenden und Standardisierten, und zum Hören gehört das vielleicht in besonderem Maße. Aber das zu tun, ist nicht Aufgabe der Industrie, sondern der Kunst. Die Industrie hingegen, die uns Klänge auferlegt, die wir tendenziell alle hören müssen, ob wir wollen oder nicht, sollte uns gute Standardklänge bieten.

Wichtig ist in alledem die Unterscheidung von öffentlichem und privatem Raum. Klänge, die individuell genützt werden, kann man natürlich interessant machen, hier kann die Industrie Diversifizierungsmöglichkeiten nützen. Ich zweifle zwar, ob ein Rasierapparat uns gerade Schlager vorspielen soll, aber warum soll nicht beim einen Modell der Klang bewußt kräftig, beim nächsten sanft, bei einem dritten schnurrend oder gleitend inszeniert sein? Die Sozialverträglichkeit kann man hier Abstimmungsprozessen im Familienkreis überlassen.

Bei Klängen jedoch, die den öffentlichen Raum betreffen, sollte man sich strikt an das Gebot sinnvoller Geräuschvermeidung halten, und die unvermeidlichen Geräusche sollten so gestaltet werden, daß sie dem Prinzip der Nicht-Belästigung folgen. Dabei ist der für alle weniger interessante Klang dem für einige sehr interessanten Klang vorzuziehen. Aufdringlichkeit ist ebenso zu vermeiden wie Monotonie.

Im öffentlichen Raum gelten Prinzipien der Solidarität. Die Freiheit des Einen soll der des Anderen keinen Abbruch tun, wie Kant das formuliert hat.[36] Ins Akustische übersetzt: Die Hörfreiheit des Einen darf in die Hörfreiheit des Anderen keinen *Einbruch* tun. Demokratie ist eine Sache der Rücksichtnahme schon auf der Ebene der Sinne.

Die Grundregel lautet also: Unnötiges ist zu vermeiden, Nötiges gut zu gestalten. Damit halte ich kein Plädoyer für Geräuschlosigkeit, sondern für die Ausschaltung vermeidbarer Geräusche. Die Sorge, daß dann absolute Stille ausbrechen könnte – die uns gewiß erschrecken würde[37] –, brauchen wir nicht zu haben. Absolute Stille gibt es nicht und werden wir in diesem Dasein nicht erleben.

b. Zonen der Stille
Besonders wichtig ist mir ein letzter Punkt: Unsere Sinne brauchen auch Ruhezonen – als Komplement zu ihrer natürlichen Neugier. Daher wird akustische Kargheit, wo sie erreichbar ist, nötig und wohltuend sein.

Auch visuell leben wir heute in einer Zeit offenkundiger Aufgeregtheit und Überdrehtheit. Die Ästhetisierungstendenzen der letzten Jahre haben kaum einen Winkel unseres Daseins und unserer Produktwelt verschont. Auch hier wäre Reduktion geboten.[38] Dies ist heute eine generelle Empfehlung ans Design. Man mißverstünde die Bemühungen dieses Symposiums, wenn man es als Aufruf empfände, sich nun an die perfekte akustische Durchstilisierung von allem zu machen. Kein akustisches Total-Styling als Komplement oder Gleichwertigkeitsbeweis gegenüber der grassierenden visuellen Ästhetisierung! Die akustische Verbesserung darf vor allem die Schutzbedürftigkeit des Hörens nicht verraten. Reizreduktion, die Schaffung von Bereichen ohne Eigenklang und mit wenig Fremdklang tut uns not. Im Bombardement der Sinne benötigen wir Zonen der Unterbrechung, Kahlflächen, Pausen.

Botho Strauß hat einmal vom Schriftsteller gesagt, er sei „inmitten der Kommunikation ... zuständig für ... den unterbrochenen Kontakt, die Dunkelphase, die Pause."[39] Ich würde mir wünschen, auch mancher Akustikdesigner würde sich dafür zuständig fühlen.

1. Joachim-Ernst Berendt, *Nada Brahma. Die Welt ist Klang*, Frankfurt a. M. 1983, sowie ders., *Das dritte Ohr. Vom Hören der Welt*, Reinbek 1985.
2. Berendt, *Das dritte Ohr*, a. a. O., S. 283.
3. Friedrich Nietzsche, *Jenseits von Gut und Böse*, in: ders., *Sämtliche Werke. Kritische Studienausgabe in 15 Bänden*, hrsg. v. Giorgio Colli u. Mazzino Montinari, München 1980, Bd. 4, S. 189 f. (Nr. 246, 247).
4. Dietmar Kamper, »Vom Hörensagen – Kleines Plädoyer für eine Sozio-Akustik«, in: *Das Schwinden der Sinne*, hrsg. v. Dietmar Kamper u. Christoph Wulf, Frankfurt a. M. 1984, S. 112–114, hier S. 112; Peter Sloterdijk, *Kopernikanische Mobilmachung und ptolemäische Abrüstung. Ästhetischer Versuch*, Frankfurt a. M. 1987, S. 95. Sloterdijk bezieht sich dabei direkt auf Berendt (ebd., S. 85 ff.).

5. Vgl. Marshall McLuhan u. Bruce R. Powers, *The Global Village. Transformations in World Life and Media in the 21st Century*, New York 1989., S. 15.
6. Vgl. Berendt, *Das dritte Ohr*, a. a. O., S. 59.
7. Vgl. Platon, *Politeia*, 424 c.
8. Hugo Kükelhaus u. Rudolf zur Lippe, *Entfaltung der Sinne. Ein »Erfahrungsfeld« zur Bewegung und Besinnung*, Frankfurt a. M. 1982, S. 120.
9. Egon Friedell, *Kulturgeschichte Griechenlands. Leben und Legende der vorchristlichen Seele*, München 1966, S. 138. – Etwas davon hat sich bis heute erhalten. Der Film *Alexis Sorbas* gab ein eindrucksvolles Beispiel davon.
10. Vgl. Franz Mayr, »Wort gegen Bild. Zur Frühgeschichte der Symbolik des Hörens«, in: *Das Buch vom Hören*, hrsg. v. Robert Kuhn u. Bernd Kreutz, Freiburg i. Br. 1991, S. 16-27.
11. Heraklit, *Fragmente*, 10, 51; 101 a, 81.
12. Friedrich Nietzsche, *Die Geburt der Tragödie aus dem Geiste der Musik*, in: *Sämtliche Werke*, a. a. O., Bd. 1, S. 9 – 156, hier S. 95 f.
13. Ist man für den in unserer Kultur so selbstverständlich herrschenden Ausschluß des Akustischen, für unsere einseitige Privilegierung des Visuellen erst einmal sensibel geworden, so entdeckt man dieses Skandalon schier überall. Schlägt man beispielsweise ein Buch mit dem Titel *Ästhetik der Architektur. Grundlagen der Architektur-Wahrnehmung* (Jörg Kurt Grütter, Stuttgart 1987) auf, so ist dort in vielen Kapiteln von Kultur und Stil, von Ästhetisierung und Schönheit, Umgebung und Ort, Raum und Form, Zeit und Weg, Licht und Farbe, Teil und Ganzem die Rede. Nur die Akustik macht offenbar keinen Teil dieses Ganzen aus. Allenthalben wird nur von visuellen Elementen gesprochen. Entdeckt man dann schließlich doch ein Kapitel »Harmonie«, so ist dort wieder nur von visueller Harmonie die Rede, von Bauproportionen, die harmonisch abgestimmt sind. – Selbst bei Erwin Straus, der das bahnbrechende Werk *Vom Sinn der Sinne* (Berlin, ²1956) schrieb und darin glänzende Analysen zum Unterschied von visueller und akustischer Wahrnehmungstypik vortrug (S. 390 – 409), fällt auf, daß das Register zwar das Stichwort ›Sehen‹ enthält, nicht aber ›Hören‹ (und die Vergleichspassagen sind merkwürdigerweise nicht einmal für das Sehen vermerkt). – Selbst wo es in neuerer Zeit zu einer grundsätzlichen Kritik an traditionellen Wahrnehmungsauffassungen gekommen ist, konnte eine Revision des Visualprimats – dieses Urdogmas unserer traditionellen Sinneslehre – ausbleiben, ja es konnte sogar zu einer erneuten Befestigung dieses Primats kommen. Das Beispiel dafür ist Merleau-Ponty. Zwar hat er uns auf die grundlegende Bedeutung von Wahrnehmungsvollzügen für unsere Existenz und unser Denken hingewiesen und gezeigt, wie Welt uns überhaupt nur gegeben ist, weil wir leibhaft-sinnenhafte Wesen sind, aber bei all diesen Revisionen blieb der grundsätzliche Primat des Sehens bei Merleau-Ponty völlig unbefragt in Geltung. Schon die *Phänomenologie der Wahrnehmung* (Paris 1945) enthielt im Register zwar das Stichwort ›Sehen‹, aber nichts von ›Hören‹, ›Ton‹, ›Klang‹, ›Laut‹, ›Ohr‹ oder dergleichen. In dem späteren Text *Das Auge und der Geist* (Paris 1961) sagt Merleau-Ponty im Anschluß an Paul Valéry, daß der Maler seinen Körper einbringt (dt. Ausg., Hamburg 1984, S. 15) – aber dieser Körper bleibt für Merleau-Ponty wieder nur eine Potenz des Sehens. Geist bleibt an Auge gekoppelt, diese älteste, traditionellste Verbindung bleibt aufrechterhalten. Einzig das in Merleau-Pontys Spätphilosophie thematisierte Verhältnis von Sichtbarkeit und Unsichtbarkeit scheint zu einer Überschreitung des Visualprimats Anlaß zu geben – aber es handelt sich doch nur um eine Überschreitung der visuellen

Kapazität, nicht hingegen des abendländischen Vorurteils, wonach alle wichtigen Verhältnisse im Kontext der Sichtbarkeit zu verhandeln sind. Das Sichtbare wird nur auf das Unsichtbare, nicht etwa auf das Hörbare oder Unhörbare, Tastbare oder Untastbare hin überschritten. Noch immer bleibt der Visualprimat in Geltung. In seiner Descartes-Kritik sagt Merleau-Ponty sehr treffend, dessen Theorie sei, wie jede Theorie der Malerei, eine Metaphysik (ebd., S. 25). Aber das Umgekehrte wurde Merleau-Ponty nie bewußt: daß die Metaphysik eine Theorie der Sichtbarkeit ist – und daß es darauf ankäme, über *dieses* Axiom hinauszugelangen. Noch wo Merleau-Ponty einmal von Stimmen spricht, bezieht er sich – in Anlehnung an Malraux – nur auf die des Schweigens, nämlich auf die »stumme Sprache« der Malerei, also erneut nur auf den Bereich der Sichtbarkeit.

14. Vgl. R. Murray Schafer, *Klang und Krach. Eine Kulturgeschichte des Hörens*, Frankfurt a. M. 1988, S. 167.
15. Vgl. Martin Heidegger, *Platons Lehre von der Wahrheit. Mit einem Brief über den »Humanismus«*, Bern ²1954.
16. Am deutlichsten hat Heidegger diesen Gegensatz von hörendem Denken und traditionellem Vernunftdenken am Ende seines Aufsatzes über Nietzsches Wort »Gott ist tot« formuliert. Der genannte Gegensatz wird von ihm geradezu als Gegensatz von Denken und Nichtdenken gefaßt: »Und das Ohr unseres Denkens? Hört es den Schrei immer noch nicht? Es wird ihn solange überhören, als es nicht zu denken beginnt. Das Denken beginnt erst dann, wenn wir erfahren haben, daß die seit Jahrhunderten verherrlichte Vernunft die hartnäckigste Widersacherin des Denkens ist« (Martin Heidegger, *Holzwege*, Frankfurt a. M. 1950, S. 246 f.). Die »seit Jahrhunderten verherrlichte Vernunft«, das ist eben die visuell bestimmte Vernunft. Ihr stellt Heidegger ein vernehmendes bzw. besinnliches Denken gegenüber. In *Unterwegs zur Sprache* bezeichnet Heidegger das Hören als »die eigentliche Gebärde des jetzt nötigen Denkens« (Martin Heidegger, *Unterwegs zur Sprache*, Pfullingen 1959, S. 180, vgl. auch S. 176 u. S. 179).
17. Vgl. Michel Foucault, *Überwachen und Strafen. Die Geburt des Gefängnisses*, Frankfurt a. M. 1976, S. 256 ff.
18. Ovid, *Metamorphosen*, III, 346 f.
19. Jakob Taubes, *Abendländische Eschatologie*, Bern 1947, S. 15. – Vorzüglich detailliert und kenntnisreich hat diesen Gegensatz Thorleif Boman herausgearbeitet (Thorleif Boman, *Das hebräische Denken im Vergleich mit dem griechischen*, Göttingen 1952, ²1954). Er sagt: »Die einzelnen Züge und Eigentümlichkeiten beider [der griechischen und der hebräischen Denkweise] hängen schließlich damit zusammen, daß die Griechen das Dasein sehend, die Hebräer hörend und empfindend erlebten« (S. 9) Er kommt zu dem Ergebnis, »daß der für das Erleben der Wirklichkeit wichtigste Sinn für die Hebräer das Gehör (und die verschiedenen Arten von Empfindungen), für die Griechen das Gesicht werden mußte. (Oder *vielleicht* umgekehrt: Weil die Griechen überwiegend visuell, die Hebräer überwiegend auditiv veranlagt waren, gestaltete sich allmählich die Wirklichkeitsauffassung der beiden Völker so verschieden.)« (ebd., 167).
20. Hegel hat der phänomenalen Charakteristik des Tones eine spekulative Interpretation zuteil werden lassen. Ihm galt das Hören als der weitaus geistigere Sinn gegenüber dem Sehen. Der Ton beinhalte nämlich eine doppelte Negation der Äußerlichkeit und stelle so den Anfang eines Übergangs in die Innerlichkeit, die Subjektivität dar. Denn erstens müsse ein Gegenstand, um einen Ton abzugeben, in sich erzittern (darin sieht Hegel

die erste Negation festen Seins); und zweitens gehe der Ton mit seinem Erklingen zugrunde, höre als äußerlicher auf und könne – ähnlich wie ein Gedanke – nur in der Innerlichkeit, im Medium der Subjektivität fortdauern. In der akustischen Sphäre geschieht somit ein Übergang vom Materiellen ins Geistige. – Adorno hat, ebenfalls davon ausgehend, daß Töne, anders als visuelle Phänomene, sich vom Gegenstand freimachen, den Vorzug der Musik darin gesehen, daß sie nicht, wie das Sehen, ein Medium der Herrschaft, sondern auf Freiheit bezogen ist: Musik ist »vorweg von jeder Bindung an die Gegenständlichkeit frei: das Ohr nimmt nicht die Dinge wahr. Weder muß sie daher die Gegenständlichkeit, als ein ihr Heteronomes, auflösen, noch ihre Herrschaft über die Gegenstände zurücknehmen« (Theodor W. Adorno, »Zum Verhältnis von Malerei und Musik heute«, in: ders., *Gesammelte Schriften*, Frankfurt a. M. 1984, Bd. 18, S. 140–148, hier S. 145).
21. Entsprechend richtet sich das Sehen auf Attribute der Dinge, das Hören auf Tätigkeiten der Dinge. Erwin Straus sagte dafür: »Im Sehen erfassen wir das Skelett der Dinge, im Hören ihren Puls.« (Erwin Straus, *Vom Sinn der Sinne*, a. a. O., S. 398)
22. Vgl. Dieter Hoffmann-Axthelm, *Sinnesarbeit. Nachdenken über Wahrnehmung*, Frankfurt a. M. 1984, S. 36.
23. Vgl. Immanuel Kant, *Anthropologie in pragmatischer Hinsicht* (1798) § 19.
24. Helmuth Plessner, *Anthropologie der Sinne*, in: ders., *Gesammelte Schriften*, Frankfurt a. M. 1980, S. 317–393, hier S. 344.
25. Elias Canetti hat den Vorgang des Hörens geradezu als Vergewaltigung bezeichnet.
26. Sofern unser Gleichgewichtssinn eine Sache des Ohres ist, könnte ein besonders Hellhöriger freilich einwenden, die Forderung nach einer ausbalancierten Kultur von Auge und Ohr gebe unter der Hand der Logik des Ohres den Vorzug. Sie täte das aber immerhin in einem vernünftigen, nicht unterdrückenden Sinn.
27. Hector Berlioz, *Euphonie, ou La ville musicale. Nouvelle de l'avenir*, Paris 1852.
28. Friedrich Nietzsche, *Also sprach Zarathustra*, in: *Sämtliche Werke*, a. a. O., Bd. 4, S. 178.
29. Vgl. Wolfgang Welsch, *Unsere postmoderne Moderne*, Weinheim 1987.
30. »Wir erklären, daß die Herrlichkeit der Welt um eine neue Schönheit reicher geworden ist: die Schönheit der Geschwindigkeit. Ein Rennwagen mit seiner Motorhaube, die mit großen Röhren, die Schlangen mit explosivem Atem ähneln, verziert ist ... ein brüllendes Auto, das einem Maschinengewehr gleicht, ist schöner als die Nike von Samothrake« (Marinetti, *Manifest des Futurismus*, 1909).
31. Le Corbusier, *Ausblick auf eine Architektur*, Braunschweig 4.1982, S. 33.
32. Russolo war von Marinetti beeinflußt. Eine seiner Kompositionen heißt bezeichnenderweise »Convegno d'automobili e d'aeroplani«.
33. Plessner urteilte diesbezüglich hart. Die musikalische Moderne, sagte er, schrecke »vor dem ästhetischen Selbstmord« nicht zurück (Helmuth Plessner, *Anthropologie der Sinne*, a. a. O., S. 350).
34. Nachdenkenswert ist, daß auch Muzak zunächst eine positiv gemeinte Erfindung der Avantgarde war. Murray Schafer hat den Ursprung benannt: Erik Saties *Musique d'ameublement*, erstmals 1920 in einer Pariser Galerie aufgeführt und als »Unterhaltung während einer Spielpause« gedacht; die Zuschauer sollten herumgehen und die Musik nicht bewußt beachten, sondern lediglich als Dekoration wahrnehmen (Vgl. R. Murray Schafer, *Klang und Krach*, a. a. O., S. 149).

35. Für London gibt es seit 1991 einen eigenen Führer, der über 400 Restaurants, Pubs und Geschäfte aufführt, in denen man nicht durch Muzak belästigt wird.
36. Kant bestimmte als Zweck der bürgerlichen Gesetzgebung die »Freiheit für jeden, seine Glückseligkeit selbst, worin er sie immer setzen mag, zu besorgen, nur daß er anderer ihrer gleich rechtmäßigen Freiheit nicht Abbruch tut« (Immanuel Kant, *Akademie-Ausgabe*, Bd. 11 [Kants Briefwechsel, Bd. II], Berlin 1922, S. 10).
37. Pascal sprach von dem Erschrecken angesichts der ewigen Stille unendlicher Räume: »Le silence éternel de ces espaces infinis m'effraie.« (Blaise Pascal, *Pensées*, in: ders., *Œuvres Complètes*, hrsg. von Louis Lafuma, Paris 1963, S. 528, Nr. 201)
38. Vgl. Wolfgang Welsch, »Gegenwartskunst im öffentlichen Raum – Augenweide oder Ärgernis?«, in: *Kunstforum International* Bd. 118, 1992, S. 318–320.
39. Botho Strauß, »Die Erde ein Kopf. Rede zum Büchner-Preis 1989«, *DIE ZEIT*, Nr. 44, 27. 10. 1989, S. 65 f., hier S. 65.

Autorenhinweise

Mario Bellini
Lebt und arbeitet in Mailand. 1987 vom Museum of Modern Art in New York mit der ersten monographischen Ausstellung für einen lebenden Entwerfer gewürdigt.

Er wurde mit sieben Compassi d'Oro ausgezeichnet. Bellini schuf das Design für die Ausstellung *Der Schatz von San Marco*, die in den großen Museen der Welt gezeigt wurde. Er richtete auch die Ausstellung *Italian Art in the 20th Century* 1989 in der Royal Academy in London ein.

Er wurde als einer von 20 Architekten vom Architekturmuseum zu Entwürfen für das künftige Berlin eingeladen.

Autorenhinweise

Raymond Freymann
Geboren 1952, ab 1971 Maschinenbaustudium an der TU Braunschweig, 1976 Diplom auf dem Fachgebiet Luft- und Raumfahrttechnik. 1976–1986 Wissenschaftler im Bereich der Aeroelastik bei der Deutschen Forschungs- und Versuchsanstalt für Luft und Raumfahrt in Göttingen. 1981 Promotion an der TU Braunschweig. 1983–1984 wissenschaftlicher Aufenthalt bei der US Air Force in Dayton, Ohio. 1986 Einstieg bei BMW als Abteilungsleiter, Vorentwicklung Fahrzeugphysik. Seit 1990 Leiter der Hauptabteilung Fahrzeugphysik.

Autorenhinweise

Johannes Hirschel
Geboren 1946, verantwortlich für den Bereich Markenwerbung international/Öffentlichkeitsarbeit der Siemens-Electrogeräte GmbH.

Autorenhinweise

Arnica-Verena Langenmaier
Studium der Kunstgeschichte, Romanistik und Philosophie in Innsbruck, Rom und Paris. Publizistische und beraterische Tätigkeit für Palazzi Editore, Mailand. Leitung der Hauptabteilung Presse und Öffentlichkeitsarbeit, Südwestfunk, Baden-Baden, und Philip Morris, München. Als Beraterin u. a. für Olivetti, Omega und Siemens tätig.

Gründungsmitglied und Geschäftsführerin des Design Zentrum München.

Geschichte der italienischen Literatur (Mithrsg.), Stuttgart 1970; *Das Kruzifix von Cimabue* (Hrsg.), Mailand 1983; *Eine Stadt gibt sich die Mitte*, Gaggenau 1984; *Kunstführer Tirol und Vorarlberg*, München 1985; *Kunsterlebnis Schweiz*, München 1987

Autorenhinweise

R. Murray Schafer
Kanadischer Komponist und Autor. Von 1970 – 1975 war er Professor für Kommunikationsstudien an der Simon-Fraser-Universität in British Columbia. Er lebt heute in der Nähe von Bancroft, Ontario.

The public of the music theatre, 1972, *Die Schallwelt, in der wir leben*, 1971, *Schule des Hörens*, 1972, *...wenn Wörter klingen*, 1972 – alle Universal Ed.; *Klang und Krach. Eine Kulturgeschichte des Hörens*, Frankfurt a. M. 1988.

Autorenhinweise

Max Neuhaus
1939 in Beaumont, Texas, geboren. Er studierte Perkussion bei Paul Price an der Manhattan School of Music. Als Solo-Perkussionist war er mit Pierre Boulez 1962–1963 und mit Karlheinz Stockhausen 1963–1964 in den USA auf Tournee. 1964 und 1965 trat er in Solo-Konzerten in der Carnegie-Hall und 15 europäischen Städten auf.

1968 brachte Columbia ein Album seiner Aufnahmen heraus. Um 1965 begann er, sich neuen Kunstformen zuzuwenden, »sound installations«. Seine Klanginstallationen gehen von der Überzeugung aus, daß die Wahrnehmung von Raum ebenso durch den Klang wie durch visuelle Eindrücke geprägt wird. Seine Radiosendungen kombinieren Radio und Telephon zu »Hör-Räumen«. In seinen *Time-Pieces* verwendet er das Aussetzen von Klang, die periodische Stille, als Gemeinschaftsmoment.

Zu seinen ständigen Arbeiten gehören Times Square (seit 1977), Museum of Contemporary Art, Chicago (seit 1979), Kunsthalle Bern (seit 1989), Villa Celle, Pistoia (seit 1986). Bei *Einleuchten*, Deichtorhallen, Hamburg 1989, war er mit *Two Identical Rooms* vertreten. Nach der *documenta 6*, 1977, war Neuhaus auch bei der *documenta 9*, 1992, in Kassel dabei.

Autorenhinweise

Herbert H. Schultes
Geboren 1938, Ingenieur- und Designstudium in München.
1961-1967 Designer bei der Siemens AG, Assistent des Chefdesigners. Aufbau des Studienganges Industrial Design an der Fachhochschule München. 1967 Gründung Schlagheck Schultes Design. Seit 1985 Chefdesigner der Siemens AG.

Autorenhinweise

Erwin Staudt
1948 in Leonberg geboren. Er studierte Wirtschaftswissenschaften an den Universitäten Stuttgart und Freiburg. 1973 legte er sein Examen als Diplom-Volkswirt ab. Staudt trat 1973 in die IBM Deutschland ein, wo er eine Ausbildung und ein Praktikum als Systemspezialist absolvierte.

Seit Juni 1989 ist Erwin Staudt in der Stuttgarter Hauptverwaltung von IBM Generalbevollmächtigter für Unternehmensverbindungen.

Autorenhinweise

Wolfgang Welsch
Geboren 1946, studierte an den Universitäten München und Würzburg Philosophie, Kunstgeschichte, Psychologie und Archäologie. Promotion 1974, Habilitation 1982, 1985–1987 Visiting Fellow am Institut für die Wissenschaften vom Menschen in Wien, seit 1988 Professor für Philosophie an der Otto-Friedrich-Universität Bamberg, Gastprofessuren 1987 an der Universität Erlangen-Nürnberg, 1987 und 1988 an der Freien Universität Berlin, 1992 und 1993 an der Humboldt-Universität zu Berlin.

Veröffentlichungen (Auswahl): *Aisthesis. Grundzüge und Perspektiven der Aristotelischen Sinneslehre*, Stuttgart (Klett-Cotta), 1987; *Unsere postmoderne Moderne.* Weinheim (VCH Acta humaniora) 1987; *Wege aus der Moderne. Schlüsseltexte der Postmoderne-Diskussion* (Hrsg.), Weinheim (VCH Acta humaniora) 1988; *Ästhetisches Denken*, Stuttgart (Reclam) 1990, *Ästhetik im Widerstreit. Interventionen zum Werk von Jean-François Lyotard* (Mithrsg.), Weinheim (VCH Acta humaniora) 1991; *La terra e l'opera d'arte. Heidegger e il Crepusculo di Michelangelo*, Ferrara (Gallio Editori) 1991; *Ästhetische Zeiten? Zwei Wege der Ästhetisierung*, Saarbrücken 1992.

Autorenhinweise

Gerd E. Wilsdorf
Geboren 1947, Lehre als Elektromechaniker, Studium der Feinwerktechnik in Heilbronn, Studium des Produktdesign in Pforzheim. 1974–1981 Design-Koordinator Brillenentwicklung bei Optische Werke G. Rodenstock in München. Ab 1982 Produktdesigner, seit 1986 Chefdesigner der Siemens-Electrogeräte GmbH München.

Fotonachweis:
BMW AG, München – IBM, Deutschland – publiphoto, Paris – Regina Schmeken, München – Siemens AG, München – Siemens-Electrogeräte GmbH, München

42,-